WORKING DRESS
IN COLONIAL AND
REVOLUTIONARY
AMERICA

図説
初期アメリカの職業と仕事着
植民地時代〜独立革命期

P. F. コープランド
濱田 雅子 訳

悠書館

Working Dress in Colonial and Revolutionary America
by Peter F. Copeland
Copyright 1977 by Greenwood Press
Japanese translation rights arranged with
ABC-CLIO, LLC
Through Japan Uni Agency, Inc., Tokyo

ドナ・キャシーに捧ぐ

彼女の忍耐強く、ゆきとどいた支援、
そしてすばらしい助言と好意がなければ、
本書は誕生しなかったであろう。

謝辞

著者は以下の人々が本書のためにさいて下さった時間と本書に寄せて下さった関心に対して、また、記述やイラスト作成のための材料を収集するに当たって賜りました助言とご支援に対して、感謝の意を表します。

Albert Haarman, Donald W. Holst, Dr. Melvin H. Jackson, Robert L. Klinger, Dr. Harold D. Langley, Diana McGeorge, Fitzhugh McMaster, および Marko Zlatich

著者はイラスト作成のための調査や準備に際して、当時のさまざまな文書や出版物に依拠しました。数多くのイラストが直接、そのようなソースから採り入れられました。これらについては、そのオリジナルのイラストレーターの名前を記載しました。[著者画]と記されたイラストはすべて、本書のために著者ピーター・F・コープランドにより描かれたものです。

目次

謝辞 …………………………………………… vii
序論 …………………………………………… ix
第1章　船乗りと漁師 ………………………… 3
第2章　農民と農村労働者 …………………… 49
第3章　職人と都市労働者 …………………… 67
第4章　商人と行商人 ………………………… 93
第5章　フロンティア開拓者 ………………… 115
第6章　輸送労働者 …………………………… 125
第7章　公僕 …………………………………… 133
第8章　正規軍と民兵 ………………………… 147
第9章　知的職業人 …………………………… 179
第10章　使用人 ………………………………… 189
第11章　年季契約奉公人と奴隷 ……………… 207
第12章　犯罪人 ………………………………… 219
第13章　民族に固有の服装 …………………… 227
用語解説 ……………………………………… 241
参考文献 ……………………………………… 252
訳者あとがき ………………………………… 256
再版にあたっての訳者あとがき …………… 263
事項索引 ……………………………………… 267
人名索引 ……………………………………… 281

凡　例

* どの章からお読みいただいても便利なように、本文中に出てくる服飾関係用語についてはその原語を、原則として、各章に初出の訳語の後の（　）内に表記した。
* 巻末の用語解説で扱われている用語については、各章の本文および図版解説中の訳語の後の［　］内に原語を表記した。
* 訳者注は本文の該当箇所の後に［——濱田］という形式で表記した。
* 本文中の人名に関しては、人名索引中に立項されている人名についてのみ、原綴を人名の後の（　）内に表記し、生没年は、Webster, *Biographical Dictionary* に拠った。

序 論

　我々は新聞、月刊誌、旅行記、手紙、日記および会計簿はもとより、18世紀の一流の芸術家たちが描いた肖像画から、当時のアメリカの上層階級がどのような装いをしていたかをほぼ完全に想い浮かべることができる。これらの有益な資料の成果として、より裕福な人びとの植民地時代の衣服の挿絵の作品集が出版されてきた[1]。だが、果たして我々はその時代の労働者階級の確かな様子を想い描くことができるであろうか。残念ながら、18世紀のアメリカには、イギリスが生んだウィリアム・ホガース（William Hogarth, 1697～1764）やマーセルス・ラルーン（Marcellus Laroon, 1679～1772）やウィリアム・ヘンリー・パイン（William Henry Pyne, 1769～1843）といったような、当時の街の一般大衆や地方の農民を描いた人びとは生まれなかったのである。また、文学作品も労働者階級の仕事着に関する豊富な資料を提供してくれはしない。新大陸の芸術家たちが、その時代の兵士や労働者や開拓者の生き生きとした描写に、その才能を傾けるようになったのは、1世代あるいはそれ以上が経過してからである。しかも彼らの肖像画は非常に理想化され、不

正確なものであった。そのためにアメリカ独立革命の時代に生きていた植民地アメリカの一般大衆は、その時代の歴史に記されることなく、消えてしまったのである。今日の歴史研究者にとって、たとえば、ボストンの魚屋とかニュー・ヨークの行商人とか農村バージニアの開拓民の実際の様子や衣服を非常に正確に確定するのは困難である。

　そこで、我々は主に推測に頼るか、ヨーロッパの資料に依拠する他すべがないのである。18世紀アメリカの典型的な自由労働者は西ヨーロッパ人であり、彼らは本国を離れてから、わずか1世代ないし2世代しか経っていない。このことから、彼らの仕事着の大半はイギリスの労働者階級の仕事着と同じであると結論してもさしつかえないであろう。ニュー・ヨークやペンシルベニアやノース・カロライナでは例外があった。これらの州にはそれぞれオランダ人やドイツ人やスコットランド高地人の影響が残っていたのである。また、さらに未開の開拓地にも例外があった。この地域ではインディアンのブランケッ

序論

　ト・コート（blanket coat）やレギンス [leggings] やモカシン（moccasins）やヘラジカ皮のブリーチズ [breeches] や房のついた狩猟用のシャツ [hunting shirt] や毛皮の縁なし帽（fur cap）やズボン [trousers] などの衣服が採り入れられていた。イギリスの衣服と植民地の衣服に違いが見られるのは、すべてアメリカの労働者がイギリスの労働者よりも豊かであったためである。
　植民地の労働者はヨーロッパの労働者よりも高い賃金を手に入れることができた。そのためアメリカ人は一般にヨーロッパ人よりも清潔で、質の良い衣服を身につけていたのである。当時の多くの証人たちは、アメリカ人の風采はイギリス人より勝っていると証言している。シュバリエ・フェリックス・ドゥ・ボージュールはこう述べている。「アメリカ人の街や家や衣服は、どこに行ってもその清潔さが目をひく。このようなアメリカの状態は、この国を訪れた外国人を他の何ものにも増して楽しませてくれる。誰もがきちんとした身なりをしている。

男性はウールのスーツを着用し、婦人聖職者たちは、一般にいつも清潔な亜麻布製の白い衣服を着用している。そして、他の国々では悩みの種であるのだが、いとも悲惨な胸が悪くなるようなぼろをまとって、公衆の面前に現れるような人は誰もいない[2]」と。

　しかしながら、18世紀のアメリカにも貧困や抑圧がなかったわけではない。ヨーロッパにおけると同じように、乞食やストリート・シンガーや逃亡した召使いや失業した船乗りたちが街をうろついていた。泥棒たちや売春婦たちや詐欺師たちが、都市の最下層部で暮らしていた。泥棒や追い剥ぎが田舎の旅行者や馬車を悩ませた。また、貧しい農民たちは、大西洋のかなたの農民たちと同じように、その地にしがみついてかろうじて命を長らえるだけの暮らしをしていた。しかしながら、アメリカでは貧困や犯罪の問題はヨーロッパほどには蔓延してはいなかった。

　アメリカで発展した柔軟な階級制度が植民者の比較的高い

序　論

生活水準の一因となった。だが、18世紀初期にはこのような柔軟性がいつも見られたわけではない。イギリスにおけると同様に、当時はより厳格な階級区分がおこなわれており、バージニアやメリーランドやサウス・カロライナの入植貴族階級や、ニュー・ヨークの荘園的特権をもった土地所有者やニュー・イングランドの富裕な商人たちが、小規模ではあるが、影響力のある上層階級を構成していた。世紀が進み、土地がより容易に手に入るようになるにつれて、多くの労働者階級はわずかの努力と幸運とによって、そのささやかな財産を増やして、富裕な中産階級の仲間入りをすることができるようになった。他の人たちは独立職人や商店主や居酒屋の主人となった。あまり運のなかった人たちは、下層階級の中に閉じ込められたままであった。これらの人たちは借地農や非熟練労働者や船乗りや雇われ人であり、この階級の最下層には年季契約奉公人や無償渡航移住者［18〜19世紀に一定期間の労役を代償としてヨーロッパからアメリカ大陸へ無賃で渡航した移住者——濱田］や貧民や黒人奴隷がいた。

本書で扱うのはこれらの中産階級や下層階級の衣服である。
　労働者階級の衣服は素材においても裁断においても上層階級の流行の衣服とはかなり異なっていた。労働者階級の衣服は上層階級のものより、デザインが質素でゆったりとしていて、より機能的であった。労働者階級の衣服は粗悪な織物（ホームスパン〈homespun〉が多い）で作られ、富裕な人たちによって愛好された刺繍［embroidery］を施したボタンホールや襞飾り［ruffle］や金銀糸入りのモールなどの装飾品はあしらわれてはいなかった。色彩については、上層階級が明るい緋色や黄色を好んだのに対して、労働者階級の衣服は一般に単調な色彩であった。金持ちは上質の輝くような白さのオランダの亜麻布を身につけていた。それに対して、労働者階級のシャツ（shirt）やスモック［smock］やエプロン［apron］には、無漂白で粗悪な薄い黄土色の亜麻布が用いられた。
　双方の階級によって着用された衣服の種類もやはり異なっていた。紳士たちは流行のニー・ブリーチズ（knee breeches）

序　論

をはいており、労働者階級に人気のあったズボンを軽蔑した。紳士たちはこのズボンを下層社会を象徴する粗末な衣服であると見なした。一方、労働者たちは、ぴったりしたニー・ブリーチズよりもズボンの方が、労働のためには実用的で快適であることに気づいたのである。ニー・ブリーチズを所有した人たちも、それを革などの丈夫で長持ちする素材で作らせたであろう。さらに労働者階級は、流行のロング・コート（long coat）よりもジャケット [jacket] を好んだ。下層階級の帽子は鍔が巻き上げられずに全体に下がっていた。それとは対照的に、紳士たちは狩猟などのスポーツをする時以外には、帽子を巻き上げていることがほとんどであった。あらゆる階級が鬘 [wig] を被っていた。ある外国人訪問者は、1740年代にこう述べている。「誰もが鬘を被っていた。田舎者も日雇い労働者も、要するに労働者たちは誰もが頭に鬘を被って日々の仕事をしている[3]」と。農夫たちは耕作中でさえも鬘を被っていた。

　労働者にはフォーマル・スーツ（formal suit）のような衣類

はめったに持てるものではなかった。フォーマル・スーツの持ち主は、仕立てが良ければこの衣服が2世代ないしそれ以上もってくれることを期待したであろう。そのためフォーマル・スーツは大切にされ、日曜日の教会での礼拝や結婚式や葬式のような特別の場合に備えておかれたのである。上質の布や上質の亜麻布を入手するのは非常に困難だったので、他の種類の衣類も念入りに保存されていた。ガウン（gown）や襞飾りの付いた亜麻布のボディ・シャツ（body shirt）やモール飾りが付き、鍔が反りあがったビーバー帽（beaver hat）や銀のバックル付きの靴はすべて貴重品であった。

　衣服の裁断と色は社会階級を正確に表わす指標であった。18世紀のアメリカでは、通行人が身につけている衣服や携行している身のまわり品を見ただけで、その人の職業を見分けることができた。靴直しは黒ずんだ革のエプロンでそれとわかり、肉屋は青いエプロンと汚れを防ぐための腕カバーと鋭い刃物と腰に結び付けられたナイフ・ケースで、船乗りはモンマス

序論

帽 [Monmouth cap] とタールを塗ったズボンで、御者は長いフロック（frock）と牛飼い用の長い太い鞭でそれとわかった。上層階級の特定の職業についてもこれと同じことが言えた。たとえば、医者は黒いスーツと「医者用の鬘」と金の柄の付いた杖からそれとわかった。

　婦人労働者もやはり容易に見分けることができた。婦人労働者のガウンは上層婦人のものより質素で、丈が短かった。彼女たちはスカートの下にたが（hoop）をつけておらず、目の粗い亜麻布あるいは安価な木綿のエプロンは、襞飾りや装飾が施されたりしたエプロンよりもずっと粗末ではあるが、機能的であった。婦人労働者のもとでは、植民地の貴婦人にとって非常に大切な入念にプリントされた織物や刺繍を施された布を見かけることはめったになかった。婦人労働者はその階級が手にすることができる簡素な格子柄や縞や水玉で満足しなければならなかった。

　既製服を店で入手することは可能であったが、既製服産業は

非常に小規模なものであった。既製服は下層の特定の職業だけに向けて作られたものであり、極めてありきたりのものであった。船乗りの衣服は海岸通りの「既製服屋」で既製服を購入できた。南部農村のプランテーションの黒人奴隷たちには、既製のジャケットと「ニグロ・クロス」(negro cloth)や「ニグロ・コットン」(negro cotton)製のブリーチズ——これらは、イギリスで作られ、購入されたものである——があてがわれることもあった。兵士たちには、入手可能な場合には、既製の軍服(uniform)があてがわれた。実際、議会はアメリカ独立革命中にこのような多くの軍服をフランスから輸入したのである。また、労働者の革のブリーチズもやはり既製品であった。これらの衣服は安価であるにもかかわらず、丈夫であり、家庭で作るのは大変むずかしかった。そこで商人たちは、労働者たちのなかに、このような衣服の恰好の市場を見い出したのである[4]。

　植民地における織物製造は家内工業として始まったものであり、特に、貧乏人の階層や農村地帯でおこなわれた。粗悪な

序　論

ホーム・スパンの亜麻布や羊毛が、北部と中部のあらゆる植民地で生産された。多くの家族が自分たちが身につけるため、あるいは近隣で余剰品を売ったりするために、十分な量のホーム・スパンの織物を製造することができた。アレキサンダー・ハミルトン（Dr. Alexander Hamilton, 1755～1804）の試算によると、1791年にアメリカ合衆国で着用されていた衣服全体の4分の3が地方で生産された布で作られていたという。

＊ ＊ ＊ ＊

本書は1710年から1810年の時期を包括している。大量生産の既製服が利用できるようになるまでは、労働者が身につけていたスタイルには、100年経ってもほんのわずかな変化しか見られなかった。これは注目すべきことであろう。このように、たとえば農民や御者や船乗りの衣服には、本書に示された100年間にわたって、重大な変化は見られなかったのである。都市

労働者と熟練職人たちの衣服は、彼らが上層階級のファッションを意識的に模倣したため、大きく変化した。

〈原注〉

1) E.g., Alice Morse Earle, *Two Centuries of Costume in America* (New York, 1903); and Edward Warwick, Henry C. Pitz, and Alexander Wyckoff, *Early American Dress: The Colonial and Revolutionary Periods* (New York, 1965).
2) Chevalier Felix de Beaujour, *Aperçu des Etats Unis* (Paris, 1814).
3) Phillis Cunnington, Catherine Lucas, and Alan Mansfield, *Occupational Costume in England from the Eleventh Century to 1914* (London, 1967), p.31.
4) Claudia Kidwell and Margaret Christman, *Suiting Everyone* (Washington, D.C., 1974).

図説
初期アメリカの職業と仕事着
――植民地時代〜独立革命期――

第1章
船乗りと漁師

1．船乗り

　アメリカ革命勃発時に、アメリカ植民地では商船の繁栄を見た。実際、海運業は農業にだけは凌駕されていたが、植民地アメリカにおける第二の規模の産業となっており、ヨーロッパの多くの指導的な国々の海運業同様に発展していたものと思われる。独立戦争の最中にアメリカを訪問した外国人の神父ロビンは次のように述べている。「アメリカのあらゆる港に建てられた造船所は、旧世界最大の建設業者の敵となった。ボストン商会はイギリス海軍のためのマストやヤード（帆桁）をイギリスに供給した。アメリカ人たちは委託を受け、あるいは自分たちのために、その帆走力の優秀さで知られた多数の商船を建造した[1]」と。

　メイン州からジョージア州に至る海岸都市では、海運労働者や船乗りや漁師や船頭が労働者階級の大部分を占めていた。たとえば、ニュー・ポートとロード・アイランドでは16歳以上のほとんどすべての男子がその人生の一時期を海で働いたのである[2]。植民地の商船の船乗りは、主に、下層階級と世間の

図1　北ネーデルラント出身のオランダ人船乗り（1694年）

毛皮の帽子、フレアー状の裾布の付いた短いジャケット［jacket］にペティコート・トラウザーズ［petticoat trousers］という服装は、18世紀を通じて、西洋の船乗りが着用していたものに良く似ている。だが、このようなタイプの帽子とジャケットはオランダ以外の国々の船乗りに比べて、オランダの船乗りや漁師により一般的に用いられていたようである。
出典：J. and C. Luiken による「het Menselyk Bedrfy」と題する版画（アムステルダム、1694）、大英博物館の好意による；C. R. Boxer, *The Dutch Seaborn Empire, 1600-1800*（ロンドン、1965）.

除け者の集まりであった。軍隊からの逃亡者、逃亡犯罪人、逃亡した年季契約奉公人や徒弟、結局は農民の生活を送る運命にあったものの、海のロマンに魅せられた冒険好きの若者、船乗りの渡り鳥、海岸通りの居酒屋以外には居場所のなかった「古顔」。人手不足の船には、海辺の誘拐周旋業者にだまされてサインをした男が連れてこられた。このような業者は船乗りの下宿屋を営んでいることが多かった。

　これらの船乗りたちの生活は、それ以前の生活に比べて少しも楽ではなかった。船の上の状態は原始的で、不健康であった。ほとんどの船にはネズミやダニがはびこっていた。商船の船乗りに対する支払いは海軍の船乗りほどには悪くなく、乱暴な扱いも受けなかった。だが、船乗りはなお陸上のほとんどの市民たちから敗者あるいは劣等者と見られていた。船乗りたちはきわめて評判が悪かったため、いくつかの海港は、船乗りたちが日没後、陸へ行くことを禁ずる法律を制定した。また、また別の厳しい法律は、船乗りたちに最後に乗っていた船からの解雇

証明を提示することなく陸上を旅行することを禁じたのである。さらに別の法律はいかなる自由白人たちにも、逃亡した船乗りを捕まえることを認め、居酒屋の主人には、彼らの店で1日に1時間以上、船乗りを客としてもてなすことを禁止した[3]。

　海運業は栄えたとはいえ、やはりこの産業も他の産業同様に、経済の動きに影響された。たとえば、フレンチ・インディアン戦争の終結と、それに続く不況によって、多くの船乗りたちは仕事を見つけることができなくなり、植民地の海港で貧しく暮らしたのである。独立革命前に植民地アメリカの諸都市を襲った暴徒の反乱は、「海岸の」船員たちによって誘発された。事実、1769年にボストンの虐殺に加わったクリスパス・アタックス（Crispus Attucks, 1723?～70）たちも失業した船乗りであった。ジェス・レーミッシュによると、アメリカの船乗りたちは、独立革命に導く諸事件において、重要な政治的役割を演じ、ひとたび戦争になると彼らはほぼ全員一致で、熱狂的に反乱の大義名分を支持したということである[4]。

海軍の生活

　18世紀のイギリス軍艦のほとんどは、その船員を強制徴募によって組織した。すなわち、強制徴募隊はイギリスと植民地双方の路上や刑務所から、あるいは商船や漁船から、男たちをその国籍にかかわりなく、強制的に引き立てたのである。植民地アメリカではイギリス海軍の強制徴募隊は、時には大衆行動による激しい抵抗を受けた。強制徴募は植民地のいくつかの都市では反乱を誘発した。1747年のボストンにおける特に激しい反乱の結果、強制徴募を制限するためのいくつかの試みがなされるようになった[5]。

　ベンジャミン・フランクリン（Benjamin Franklin, 1706～90）によると、フレンチ・インディアン戦争中には強制徴募は敵の

図2 イギリス海軍の船乗り（1730年頃）
この衣服の最もはっきりとした特徴はジャケットである。このジャケットの上半分はダブルの打ち合わせであり、下半分はシングルの打ち合わせになっている。首のまわりには船乗りのネッカチーフを巻いている。ジャケットのボタンは金属製のようである。
出典：著者所蔵の「Savage Mostyn, Rear Admiral」と題する作者不詳の版画．Savage Mostyn は1734年に海軍大尉，1739年には大佐，1757年には海軍中将，北アメリカの駐屯地の司令官となり，この年に死去．この肖像画は彼が海軍士官候補生時代に制作されたものと思われる．

活動以上に植民地貿易に対して有害であったという。植民地の港はこのような強制徴募によってひどい打撃を受けた。非常に劇的な襲撃のひとつに、1757年、ニュー・ヨーク市で800人の男たちが強制徴募されたことがあった。海岸地帯と植民地の漁業船団の人手に多大な痛手をこうむったのである。イギリス海軍の強制徴募隊は、独立革命開始期までアメリカの港で活動しており、その後もイギリスの占領下に置かれた地域で活動し続けた。独立革命中はヨーロッパ大陸の海軍も、イギリスと比べればずっと穏やかではあったが、やはり強制徴募を実施した[6]。

軍艦での生活状態は、商船での生活状態よりもずっとひどかった。衛生設備は不十分であり、デッキの下の換気は悪かった。特に熱帯の海では始終病気がはびこり、壊血病や黄熱病や赤痢のために死者がでた。しかも悪いことに、一般に軍医助手が不足していた。さらに海軍の男たちは、時には死に至らしめたり、犠牲者を片輪にしたりした折檻と闘わなければならなかった。そのため、海軍での服役は決して望ましいものとは見

第 1 章 船乗りと漁師

図3 イギリス海軍の船乗り（1737 年）
裾が真っ直ぐに裁断された縞模様の
ウェストコート［waistcoat］はこの時
代には珍しい。ズボン［trousers］はゆっ
たり裁断され、前部には比翼仕立て風
の開きが見られる。
出典：「The British Hercules」と題する銅
版画．大英博物館．

なされていなかった。これは驚くに当たらない。アメリカ独立
革命期には、海軍での服役は「手に負えない」兵士が陸軍から
海軍へ徴兵される処罰と見なされていたのである[7]。

船乗りの衣服

　イギリスの船乗りの衣服は 18 世紀初期までは、他の職業の
衣服と正確に区別される明確な仕事着とはなっていなかった。
実際、16 世紀までは船乗りの衣服は他の労働者の衣服とほとん
ど変わらなかった。しかしながら、ひとたび船乗りの衣服が特
殊化されると、それ以上、大きな変化は、その後何十年にもわ
たって起こらなかったようである。船乗りは 18 世紀初頭にも
末にも、素材も裁断もほぼ同じような衣服を着用していた。た
とえば、1729 年 1 月にフィラデルフィアでメアリー号から逃亡
した徒弟に関するペンシルベニア・ガゼット紙の告示は、「彼
は肩に布の袖章の付いた明るい色もののジャケット［jacket］
に布製のズボンと明るいグレーの靴下をはき、帽子を被ってい

7

図4 イギリスの船乗りの忠義の乾杯（1738年） 2人の船乗りは3ヵ所で鍔の巻き上げられた小さな円い帽子[hat]を被っている。このようなスタイルは1750年までは、船乗りの間で一般的なスタイルにはならなかった。2人の船乗りは縁付きの帽子の下にニットの縁なし帽[cap]を被っているようである。3人の船乗りは縁に白いバンドを巻いた帽子を被っている。一番左の船乗りだけはベストを着ている。一番右側の船乗りは裾に房の付いたボディ・シャツをズボンの中に入れ込まないで着ている。全員がシングルの打ち合わせの船乗り用のジャケットを着て、幅広のゆったりした短いズボン——おそらく、ペティコート・トラウザーズであろう——をはいている。だが、彼らのペティコート・トラウザーズの丈は膝下までである。全員、バックル付きの靴をはいている。
出典：著者所蔵の作者不詳の版画.

た[8]」と述べている。このような描写は50年後の船乗りにもそのまま当てはまる。

　海軍の船乗りたちは、艦長用ボートや指令官艇の乗組員という特別の場合以外には、正式の制服は支給されなかった。これらの船の乗組員たちは、指揮官の好みにより、その金で奇抜に装っていることがよくあった。アンソン提督（アンソン卿、George, Lord Anson）は1743年、緋色のジャケットと銀色の縁飾りが施された青い絹のウェストコート［waistcoat］を彼の艇の乗組員に着用させた。

　水兵や商船の乗組員たちは、船に備えられた「スロップ・チェスト」（slop chest）から衣服を支給された。「スロップ・チェスト」すなわち船舶用衣類倉庫は、1623年にイギリス海軍

によって創始されたもので、その衣類は、イギリス海軍では契約業者である「既製服商」(slop seller) によって、商船では船主によって用意された。そして、乗組員たちにほぼ同じような衣服（「男たちの衣服の必需品」）を支給した[9]。

　強制徴募された男たちは衣服の支給からはずされた。彼らはどんな戦いがおこなわれようとも、その戦争を終結させるためにのみ尽くすことが求められているのであり、彼らに衣服を支給することは全く金の無駄づかいだと考えられていた。極貧の状態で船に連れてこられた連中だけがパーサーから衣類を受け取ったのである[10]。アメリカの水兵や商船の乗組員たちは、ヨーロッパの船員の仲間たちと似たような服装をしていた。すなわち、「シルバーズ」(silvers) とか「スロップス」[slops] とか「ペティコート・トラウザーズ」[petticoat trousers] とかいろいろに呼ばれた短く、幅広のズボン。これは船上でも陸でも着用された。ジャケット、ウェストコート、ボディ・シャツ (bodyshirt)。これらが一般的な上着であった。ネッカチーフ。種々の帽子（鍔を巻き上げたものや巻き上げていないもの、ニットや皮革製の帽子など）。手袋（gloves）。バックルの付いた靴。

　「スロップス」あるいは「ペティコート・トラウザーズ」と呼ばれるものは、縞や格子柄の素材のものも時にはあったが、キャンバス [canvas] やオズナブルグ [oznabrug] の亜麻布製であった。それらは主に、彼らがデッキで働いている時に、ズボンなどの脚衣を汚れやタールや塗料や鉄錆から保護するために着用された。当時の多くの絵画はそのような衣服が陸上でも着用されていたことを示している。当時の挿絵にはブリーチズ [breeches] はめったに見られないが、アメリカの船乗りたちはこれを着用していた。1778年、バージニア州海軍の軍艦ドラゴン号では、布製のジャケット、亜麻布のシャツとフランネルのブリーチズから構成された60着の衣類が船乗りたちのために

図5 イギリスの船乗り（1740～80年）
この船乗りは、その衣服からイギリス海軍の軍艦の船乗り、あるいは商船の船乗りのいずれかであると思われる。彼の着ている衣服はおよそ40年間、イギリスの船乗りに特有の衣服であり続けた。円い帽子は3ヵ所で鍔が巻き上げられている。いつの時代にも見られるようなスカーフをしているが、この図では格子柄である（縞柄も一般的であった）。縞柄のウェストコート（時には水玉模様あるいは柄物のこともあるが、格子柄であることはほとんどない）を着、古い帆布製（時には格子柄や縞柄のこともある）のスロップス［slops］、あるいはペティコート・トラウザーズをはいている。靴ははいていない。暖かい季節には船上では、靴をはかずに済ませることが多かった。
出典：「The Sailor's Return」, *The Dress of the British Sailor*（ロンドン，1957），国立海事博物館の好意による．［著者画］

作られた[11]。1779年には、バージニア州海軍のガレー船ヒーロー号の船乗りに白いジャケットとブリーチズが支給された。

　ズボン［trousers］はさまざまなスタイルで着用されていた。最もよく用いられたのは「長ズボン」や「細身のズボン」で、それらはストレートで、足にかなりぴったりフィットしたものであったが、時にはくるぶしに向かって次第に細くなっていることもあった。これらのズボンは一般にウェストバンドに2つのボタンで留め付けられ、真っ直ぐになった比翼仕立て風の開き（fly front）にはボタンが2つ付いていた[12]。丈はくるぶしまでか、くるぶしの上までで、19世紀に流行したように靴の上にかぶさることは決してなかった。他のズボンはたっぷりしていて、直線的であるが、膝とくるぶしの間までの丈であった。中には当時の大部分のブリーチズに似た前垂れ蓋（fall front）が付いているものもわずかながらあった。逃亡した船乗りや海軍の逃亡者の描写は、18世紀の船乗りの衣服の最良の証拠として

第1章　船乗りと漁師

図6　イギリス海軍の航海士（1748年）
彼の衣服は、ループとボタンの付いた鍔の巻き上げられた帽子（これは紳士用である）を除いて、一般の船乗りの衣服と同じであった。ポケットの付いていない大半の船乗りのジャケットとは異なり、このジャケットにはポケットが縦に付いているが、これは1750年以前の男性のコートによく見られた。シャツもスカーフも格子柄で、スカーフの先はボタンホールに通してある。これはスティンカーク・ファッション［steinkirkfashion］といわれる。ズボンはどちらかというとゆったりしており、ウェストベルトの部分で襞状にギャザーが寄せられ、くるぶしの上までの丈である。小さなバックルの付いた靴は、18世紀前半の典型的な靴である。
出典：数理機器メーカーの広告．ジェオ・アダムズによって考案・制作された「新型海洋四分儀」．（ロンドン，1748年9月30日発行）．［著者画］

残っているが、これらもやはりキャンバス地のズボンや「亜麻布のズボン」（ticklenburg trousers）や青や茶の布製のズボンやベーズ・トラウザーズ（"bays"trousers［海軍の熱帯での衣服］）に触れている。1782年に西インド諸島からニュー・ヨークへ向かうイギリスの商船に乗ったサミュエル・ケリー（Samuel Kelley）はベーズ・トラウザーズを次のように描写した。「船長は我々に売りつけるために、スロップスを多少用意していた。めいめいがその中から一組の赤いベーズ・トラウザーズ（baize trousers）を支給された。それは我々がマストに上って帆を巻き上げている時に、フラミンゴの群れのように見えるようにするためであった[13]」。

18世紀の初期にはグレーと赤（赤い裏のついたグレーのジャケットと赤いベスト（vest））は、イギリス海軍の基調をなす色であった[14]。青は1748年に海軍将校のために導入され[15]、1770年代までには、イギリスの水兵のジャケットの基本色となった。ヨーロッパ大陸の海軍のアメリカ人水兵、州の海兵、商船の乗

11

組員、私掠船の乗組員については、色彩は多種多様であったようだ。青と茶のジャケットが最も一般的であったが、赤や白や帆布色（cloth-colored）や緑やストライプのジャケットもやはり着用されていた。

　船乗りのジャケットは一般に、シングルの打ち合わせで、金属製や皮革製や角製のボタンで装飾されていた。このジャケットには折り返った衿や立衿が付いていることは稀で、普通は裂け目の入ったカフスが付いていて、ボタン掛けしないで着用されていた。同時代の絵画は、これらのジャケットのうちわずかではあるが、テープやレースで縁取りされていたことを示している。早くも1706年にイギリス海軍の水兵のジャケットには「金糸でステッチされたボタンホール」が付いているものもあった。このようなスタイルは100年後のナポレオンの時代まで大流行することはなかった。ナポレオンの支配期にはジャケットは白いテープやバインディング（binding）で縁取りされたり、装飾されたりしていることが多かった。このような縁取りやバインディングは独立戦争中には異例であった。

　ほとんどの船乗りたちはジャケットの下に裏のないウェストコートやベストを着用していた。ウェストコートは、1780年代までは一般にシングルの打ち合わせであり、それ以降はダブルの打ち合わせになることが多かった。あるいは2列のボタンが付けられており、裾まで直線的に裁断されていた。わずかの例外はあるが、ベストにはポケットが付いておらず、縞の布製であった。ボタンは、普通は前身頃の裾まで付いていたのだが、たまにボタンの代わりに紐掛けされていることもあった。

　船乗りはベストの下にボディ・シャツを着用していた。これは格子の亜麻布製のものが最も多かった。首のまわりには黒いスカーフを巻いていた。色もののスカーフや種々の色合いの格子や水玉のカチーフも見られた。1767年には、ボストンの店主

第1章　船乗りと漁師

図7　イギリス海軍の一等航海士（1748年）
イギリス海軍の準士官である船長は、航海に出る時に糧食を用意し航海用の装備を整える責任があった。ここに描かれている一等航海士は彼の仕事である航海用の計器を携えている。彼は特別な地位にある者として、この時代に特有の船乗りの衣服を着ている。ズボンには前垂れ蓋がついており、帽子は前後で鍔が巻き上げられている。
出典：Dudley Jarrett, *British Naval Dress*（ロンドン，1960）より．［著者画］

は「格子や水玉や花柄や捺染模様の亜麻布、縁飾りのあるキャンブリック [cambric]、黒のゴーズ（gauze）のネッカチーフ用ヤード幅のハンカチーフ」という広告を出した。当時のいくつかの絵画には、陸で生活している船乗りが紳士や兵士たちが身につけているのと同じように、黒や白のキャンブリックの首巻きやネック・クロス [neck cloth] をつけている姿が描かれている。

男たちは船上で特に汚れやすい重労働にたずさわる時には、粗末な上着を着用した。それゆえ、サミュエル・ケリーは彼の乗り込んだ船が1784年にフロリダ海岸に乗り上げた時、船底を清掃している間は素足で「シャツ、あるいはキャンバス地のフロック（frock）」を着用していた[16]。McPherson Collection of Naval Prints のいくつかの版画には、イギリス海軍の船乗りが戦争で大砲を撃っている時に、これらのキャンバス地のシャツを着ている姿が描かれている。アダムズに降伏するジャン・ウィレム・ドウィンターを描いた絵画、「First Viscount Duncan at Camperdown in 1797」には、イギリス軍艦ベネラ

図8 船室でのジョージ・グレアム卿（1745年）

モントローズ公爵の息子のグレアム卿はイギリス海軍の船長であった。この絵では彼は、白いエプロン［apron］をつけ、粗布製のズボンをはき、スカーフあるいはネック・クロス［neckcloth］をつけ、ジャケットを着、無漂白の亜麻布製と思われる縁なしの帽子を被ったキャビン・ボーイの給仕を受けている。キャビン・ボーイは白い木綿の手袋をはめて、船長の食事の給仕をしている。タンバリンとフルートで船長をもてなしている黒人の船乗りは、布製の縁なし帽を被り、ネッカチーフをし、ウォッチ・コートとウェストコートとズボンを着用している。

出典：William Hogarth の「Lord George Graham in His Cabin」（1745年頃）；Milia Davenport, *The Book of Costume*（ニュー・ヨーク，1948），vol.2, p.756「元井能監修，中井長子他訳『服装の書』第2巻（関西衣生活研究会，1993年）p.756」；および「国立海事博物館の肖像画」，シリーズ1, 1570-1748（ロンドン用度局，1954）

ブル号に乗り組んだ、スロップスと丈の長いキャンバス地のシャツを着た数人の砲兵が描かれている。

　船乗りはさまざまなスタイルの縁付きの帽子 [hat] や縁なし帽 [cap] の中から被りものを選ぶことができた。海ではニットの縁付きの帽子や縁なし帽が一番普及していた。それはニットの縁付きの帽子や縁なし帽が、甲板では最も実用的な恰好として役立ったからである。このようなタイプのうち、1570年代以降、船乗りたちが被っていたニットのモンマス帽 [Monmouth cap] は、

第1章　船乗りと漁師

図9　イギリスの船乗りの帰還（1744年）
船乗りは略奪品を積んで、愛する人のもとへ勝ち誇って帰還した。彼は「趣味の良い」帽子を3ヵ所で上に折り曲げて被り、襞飾り [ruffle] 付きの紳士の上質のシャツと金の縁取りをしたウェストコートと紳士用の膝丈のブリーチズ [breeches] と靴下を着用している。腰には舶刀を下げ、ベルトにはピストルをさしている。また、金の柄の付いた杖を見せびらかしている。彼はこのような見事な装いはしているものの、それでもやはり、船乗りのものとはっきりわかるジャケットと縁付きの帽子とスカーフを身につけている。
出典：J. Booth-Boitard による「The Sailor's Return」と題する著者所蔵の版画（ロンドン，1744）．

18世紀にはイギリスの船乗りのトレード・マークとなっていた。陸では多くの船員たちは流行の鍔の巻き上げられた帽子を好んだ。もっとも大部分の船乗りたちが好んだのは、フェルト [felt] 地やタールを塗ったキャンバス地の安価なもので作られた小さな黒の円い帽子であったようであるが[17]、これらの円い帽子は3ヵ所で巻き上げられていることが多かった。このスタイルは「まるで船乗りたちが頭に三角形のアップル・ケーキを乗せているかのように[18]」見えた。陸上で被る帽子は、巻き上げられていない場合には、クラウンのまわりにリボンが飾られ、片側で結ばれたり、前で結ばれたりしていた。蝶結びされた結び目は花形帽章 [cockade] の形をしていた。船乗りは帽子を目深に粋に被ったり、後頭部へと押し上げて被ったりしていた。

　アメリカの船乗りたちもイギリスの船乗りたちと同じように、被りものに幅広い好みがあった。すなわち、記録によると皮革製の帽子や毛皮の帽子や「毛皮付きの上に折り返した」布製の帽子は、いずれもアメリカ人が被っていた帽子であるとい

図10 船乗りの労働着（1750～70年）
甲板で綱を巻いているこの船乗りは、1750～1770年当時の典型的な労働着を着ている。すなわち、モンマス帽[Monmouth cap]を被り、古い帆布を利用したキャンバス地の簡素な作りのジャケットを着——つぎが当たっていたり、繕われたりしている——、帆布製の非常にたっぷりしたズボン、リブ編みの靴下、シンプルなピューター製のバックルの付いた靴をはいている。陸上では弁髪[queue]にしていた髪は引き上げられ、組紐やロープ状のより糸で結ばれている。
出典：著者が各種の資料をもとに描いたもの.

う。大陸の海軍から逃亡したある船乗りは、「金色のレース編みの縁なし帽」をもっていたとのことである。また、ある船乗りは防水加工のために「クラウンが赤く塗られた円い帽子」を被っていたという（これは1940年代の最近まで、アメリカ合衆国の商船の乗組員によっておこなわれてきた習慣である）。ホガースが1754年頃に描いた「An Election-Chairing the Member」[19)]に、クラウンが赤く塗られた帽子をもった船乗りが見えることからも、このような慣習はイギリス人が始めたものと思われる。アメリカの船乗りたちもやはり、「オランダ帽」（Dutch cap）や「スコットランド・ボンネット」（Scotch bonnet）を被っていた。18世紀初期のイギリス海軍の船乗りたちは、「赤い木綿で縁取りされた皮革製の縁なし帽」を被っていた。

　ウールの手袋やミトン（mittens）はすでに1706年にはイギリス海軍の船乗りたちの備品となっていた。これらの品物はアメリカ独立革命中にヨーロッパ大陸の軍隊の兵士たちに供給された。18世紀のアメリカの船乗りたちは、漁師と同じように、

第 1 章　船乗りと漁師

自然から手を保護するために、手袋やミトンをはめていたのである。

　当時の挿絵に見られるように、船乗りがはいていた靴は、ほとんどいつもバックル付きであった。1750 年以前には、ほどほどの大きさであった靴用バックルは、1785 年にはより大きくなった。このような傾向はこの時代の流行に合っていた。船乗りにはめったに見られなかった紐靴は、陸上の労働者がよくはいていた。船乗りが陸上ではくために購入した履きものは、見た目にも軽く、もろいものであった。しかし、労働用の靴はデッキでもちこたえるために、もっと丈夫なものでなければならなかったはずである。1778 年 8 月 27 日付けの *The Continental Journal and Weekly Advertiser* は、フィラデルフィアの海軍局のために、次のような広告を出した。「海軍局は、仕立ての良い丈夫な男物の靴と良質の糸で作った靴下を求めている。代金はミルク・ストリートの事務所で支払われる」と。

　1780 年にアメリカにいたフランス海軍船から逃亡した兵が、「船乗り用のブーツ（boots）を一足もっていた」が、今日の船乗りがはいているゴム製のシーブーツ（seaboots）に似た、油を塗った革製のシーブーツは、船乗りよりもむしろ漁師の間で一般に用いられていた。「オールド・グリーンランド・ブーツ」（Old Greenland boots）は、イギリス商船の乗組員の履きものの一部として用いられていた[20]。

　その他の衣服としては「大型コート」（great coat）があった。サミュエル・ケリーは、彼が 1781 年にイギリス郵便船で見張りについていた時「大型コート」を着ていた[21]、と記している。大きくて、ゆったりした、膝下に届く丈で、前身頃が真っ直ぐ裁断された大型コート、あるいはシュルトゥー［surtout］と呼ばれたコートは、18 世紀には多くの社会層で着用されて

図11 イングランドの義足の船乗り（1754年）
政治論争で棍棒を振るっているこのイギリスの船乗りは、白いテープか銀色のぴかぴかした金属糸で縁取りされ鍔の巻き上げられた帽子を被っている。帽子のクラウンは、赤く塗られている。ネッカチーフは白い水玉模様である。ジャケットには後ろとサイドにベンツが付いていて、ズボンはキャンバス製のようである。
出典：William Hogarth の「An Election-Chairing the Member」と題する油絵（1754 年頃）．ロンドンのサー・ジョン・スローン美術館所蔵．*Apollo Magazine*（1972年1月号）．［著者画］

いた。1760年代のハバナ港における事件を描いたコプレイ（John Singleton Copley, 1738〜1815）の絵画「Watson and the Shark」の中に、この大型コートを着用している姿が見られる。ホガースは1750年頃、ジョージ・グレアム卿（Lord George Graham）が船室にいる姿を描いた絵画の中で、大型コートを着用している船乗りを描いている。青の大型コートはアメリカでも支給された。たとえばバージニア州海軍のスコーピオン号の船乗りたちは、1776年に青の大型コートを支給されている[22]。

今日でも見られるピー・ジャケット（pea jacket）は、一般に19世紀初期に創案されたと考えられているが、1730年にペンシルベニアで逃亡した2人の召使いがこれを着ていたという。あるジャケットは茶色のダブルの打ち合わせで、真鍮のボタンと、赤い布の裏が付いていた、と記録されている。さらに、1778年のアメリカ船からの黒人逃亡者は「シュルトゥー、その下にはカーキ色のピー・コート（ピー・ジャケット）を着て、フィアノート［fearnaught］のズボンをはいていた」と記録さ

第1章 船乗りと漁師

図12 上陸中のイギリス船乗り（1779年）
左側の船乗りが着用している上陸時の衣服は、18世紀（1725〜1800年）の大半に流行したスタイルである。色リボンの花形帽章［cockade］の付いた円い縁付きの帽子を斜めに被り、格子のシャツ、シングルの打ち合わせのウェストコート、ネッカチーフ、ジャケットというスタイルである。右側の船乗りは、もっと丈の短いジャケットと裾が真っ直ぐに裁断されたダブルの打ち合わせのウェストコートを着ている。このようなウェストコートは、1780年頃に流行しはじめたものである。彼のジャケットには白いテープの縁取りが施され、ボタンホールは白いテープで縁取りされている。このような装飾もやはり1780年頃に登場したものである。彼もまた、縞柄のスカーフをこれ見よがしに巻いている。
出典：Bowles and Carver の「The Sailor's Pleasure」(1781)、*The Mariner's Mirror* (1779) の挿し絵；Charles N. Robinson, *The British Tar in Fact and Fiction*（ロンドン, 1909)．［著者画］

れている[23]。ジョージ・ワシントン（George Washington, 1732〜99）は1778年1月にバリ・フォージュからコネティカット州のジョン・トランブル知事（John Trumbull, 1756〜1843）に宛てた手紙の中で、ピー・ジャケットについて次のように述べている。「私は船乗りのピー・ジャケットのような衣服を推奨する。この衣服は身体にぴったりしていて、胸の上にダブルにボタン掛けすることによって、兵士たちをより温かくしてくれる」と。当時の挿絵に見られるように、ピー・ジャケットは、ずっしりした布製で、打ち合わせはダブルで、裏を付けて仕立てられた船乗りのジャケットにすぎなかった。

　気候、特に海上での冷たい季節風から身を護るために、機能的な衣服が要求された。イギリスの船乗りたちは、湿った気候から身体を保護するために、タールを塗った衣服を着用してい

た。これは少なくとも 1631 年にまで遡る慣習である[24]。彼らはタールを塗ったキャンバス地のジャケットとタールを塗ったキャンバス地のフロックを着用していた。タールを塗ることはアメリカでも知られていた。アメリカ独立革命中に、あるアメリカの船乗りの「たっぷりタールを塗ったライフル銃兵用のフロック」を着た姿が描かれている。彼は陸軍支給のライフル銃兵用のフロックを手に入れ、海上の仕事のために風雨に耐えられるようタールを塗ったのである[25]。他の記録によると、帽子やジャケットはもちろん、ズボンにもタールを塗ることがあったという。タールを塗った、全体に鍔のあるニットの帽子は、18 世紀にその源があるようであるが、最近、ニュー・ヨーク市の海に面した地域で発見された[26]。

　陸に上る時に着用された衣服について触れなければ、18 世紀の船乗りの衣服についての議論は完全なものとはならない。この時代の版画には船乗りたちが陸に上るために着飾った姿を描いているものもある（彼らはたいてい、派手な若い婦人たちの前で気取っている）。彼らの服装にはどこか上流階級の服装をまねたところがあった。サミュエル・ケリーは陸を旅行した時のことをこう書いている。「私は古い船乗りの衣服を青い流行のコートと襞飾りのついたシャツなどに着替えて、髪を整え、髪粉をつけた」と[27]。その記述から、襞飾りのついたシャツや、銀色の靴用バックルや、ぴかぴか光る紐を巻きつけ鍔を巻き上げた帽子や、膝丈のズボンや、刀剣のことがすべてよくわかる。船乗りは陸上では、カフスや上衿［cape］とミリタリー調のラペルが付いた、目立つ色ものの縫い取りのあるショート・コートを着ることがあった。また、船乗りは剣、ふつうはカットラス（cutlass）と呼ばれる短剣を肩ベルトから下げて携行するのを好んだ。

第 1 章 船乗りと漁師

図 13　アメリカの船乗り（1776 年）
これらの 2 人の船乗りたちはバージニア州海軍のブリガンティン型帆船リバティー号からの逃亡者である。この絵は 1776 年 9 月 26 日付けのメリーランド・ガゼット紙に掲載された記述をもとに描いたものである。船乗りのうちの一人はデッキの泥落としを、もう一人はタール・ブラシを手にしている。
出典：Williamsburg Public Store Daybook, Virginia Navy Board Minute Book, 1777 年 3 月 26 日〜1778 年 9 月 10 日, バージニア州立図書館（バージニア州リッチモンド）．［著者画］

アメリカの船乗りの衣服

　18 世紀のアメリカの船乗りを描いた絵画は非常に少ないので、我々は他の資料をよりどころとするほかはない。ヨーロッパ大陸や植民地の新聞に掲載された、アメリカの港に停泊中の船からの脱走兵や逃亡人の描写は、どこでも見られる一般的な状況を正確に伝えてくれる。

　1776 年 7 月に、バージニア州海軍のガレー船ヒーロー号から逃亡した 2 人の男は、バージニア・ガゼット紙に次のように書かれている。「チャールズ・フリーマン、彼は折り返しのついた緋色の毛織のアンダー・ジャケット（under jacket）と、船乗り用の茶色のジャケット、格子のシャツを着、オズナブルグ［osnabrug］のズボンをはいており」、ジェームズ・マーテンは「茶色の船乗り用ジャケットと白の亜麻布のシャツを着、オズナブルグのズボンをはき、新しい帽子を被っていた。」

　1776 年 9 月 20 日の新聞には、ある脱走兵——掌帆長の仲間——は「茶色の布製のショート・コートと赤いジャケット」を

図 14 バージニア州チャールズ郡のチカホミニィ造船所の船大工（1778 年）
1777～78 年に海軍省は、船大工に縞木綿（ズボンやジャケットを作るための）や、青の粗木綿布、茶色の亜麻布、縁付きの帽子、縁なし帽、毛布を支給した。黒人の船大工は船底に水漏れが起こらないようにするために用いられる、鉄帯を巻いた木槌「リーミング槌」を、またもう一人の船大工は削り斧を携えている。
出典：Navy Board Orders in favor of shipyard workers, Williamsburg Public Store, バージニア州立図書館, 原稿コレクション．［著者画］

　着用していたと記されている。ヒーロー号の乗組員に対する衣服の支給品によって、男たちには茶色のジャケットと赤いウェストコートとオズナブルグのズボンが支給されていたことが裏付けられる[28]。メリーランド・ガゼット紙（1776 年 9 月 26 日）は、1776 年 9 月にバージニア州海軍のブリガンティン型帆船リバティー号から脱走した 3 人は、赤いジャケットとオズナブルグのズボンを着用していた、と報じている。同紙は、1776 年 8 月のスループ型軍艦スコーピオン号からの 5 人の脱走兵のリストを掲載している。彼らは青のジャケットとオズナブルグのショート・ズボンを着用していた[29]。

　私掠船のスループ型帆船リオン号から逃亡した船乗りは、1776 年 12 月のコネティカット・ガゼット紙に報道されたところによると、「ミドルタウンの教区ウォージントンのサミュエル・スミス・ジュニアは身長約 5 フィート 10 インチで、黒い肌をしており、髪は長くて黒く、逃亡時には赤っぽいシュルトゥーと縞のズボンを着用し、ひとまとめにして毛布で巻いた

第1章　船乗りと漁師

図15　アメリカの私掠船の乗組員（1776年）
この私掠船の乗組員は、船乗りの典型的な衣服を着ている。彼はウェストベルトから吊り下げた鞘におさめられた舶刀で武装している。また、フリントロック式の螺旋拳銃をいくつも身につけており、これで彼の装いは完璧なものとなる。
出典：「Custavus Cunyingham, the American Privateersman」の絵，船員博物館，バージニア州ニューポート・ニューズ；*American Heritage Book of the Revolution*（ニュー・ヨーク，1958）p.292．［著者画］

荷物を携えていた」という。1776年10月の同紙は、コネティカット州の海軍船オリバー・クロムウェル号からの逃亡者は「短い緑色のジャケットと縞のズボンと小さな円い帽子と格子のウールのシャツ」を身につけていたと報じている[30]。

1781年の若い船乗りの物語は、アメリカの船乗りの衣服のまた違った描写を我々に提供してくれる。「私はナップサックに、しっかり裏の付いた1着の厚手の船乗り用のジャケットと1本の厚手のパンタロンと1着のベストと2枚のシャツと2足の靴下と1足の靴と1対の重い銀色の靴用バックルと1対のニー・バックル（knee buckle）と2枚の絹のハンカチーフを詰め込んだ」。彼はまた「小さな円い帽子」をもち、ジャケットのピューター製のボタンには「自由と財産（Liberty and Property）」という標語が付いていた[31]。

図16 ヨーロッパ大陸の海軍の船乗り（1776〜80年）
縁の付いたニットの円い帽子は、ニュー・ヨークのオールド・シップで難破した当時の船の中から最近発見されたものと良く似ている。ペティコート・トラウザーズは古いつぎの当たった帆布であり、靴下はリブ編みのウーステッド［worsted］で、おそらくグレーか明るい青であろう。ジャケットは黒い革のボタンが付いており、色はおそらく茶か緑かグレーか青、あるいは赤であろうと思われる。
出典：著者が各種の資料をもとに描いたもの．

図17 海上と陸上の船乗りたち
この画は船上のイギリスの船乗りであり、上の画は夜の上陸に備えて盛装している船乗りを描いている。船乗りは二人とも陸にあがるための装いをしており、肩ベルトから短剣を吊り下げている。一人は籐杖か何かの杖を持ち、もう一人は帽子にリボンを付けている。他の点では、彼らの衣服は同じである。すなわち、短いジャケット、裾布がなく裾の真っ直ぐに裁断されたベスト、ペティコート・トラウザーズ、靴下と軽い靴、それにネッカチーフという服装である。
出典：「Published as the Act Directs, Nov. 8th, 1779 by W. Richmond, #68 High Holborn」と題する版画：制作者のイニシャルは "I. P."；*Mariner's Mirror*, vol.9.

第 1 章　船乗りと漁師

図 18　ガンダロー船「フィラデルフィア」号の船乗り（シャンプレーン湖、1776 年）
ここに示された船乗りたちは、当時の典型的な労働者としての装いをしている。右側の二人は船乗りのジャケットを着ており、左側の船乗りはシングルのホームスパンのコートを着ている。一番右側の船乗りはインディアンのモカシンをはき、古風に鍔の巻き上げられた帽子を被っている。真ん中の黒人の船乗りはロープを撚り継ぎしたり、はめ輪を調べたりして、ロープの仕事をしている。
出典：歴史技術博物館の Military History Hall に展示されている絵．スミソニアン協会（ワシントン D.C.）の好意による．[著者画]

図19 収税吏にタールを浴びせ、羽毛をくっつけているボストン人（1773年）
右側の人物は船乗りを描いたものである。彼は縁なし帽というか、むしろ縁付きのニットの帽子を被り、水玉模様のネッカチーフをつけているようだ。
出典：著者所蔵の Philip Dawe による「The Boston Tea Party, 1773」と題する版画.

第 1 章　船乗りと漁師

図 20　イングランドの船乗り（1775 ～ 80 年頃）
白いテープで縁取りされ、左側にファンシーな赤いリボンの花形帽章を付けた小さな円い黒い縁付きの帽子を被った船乗りは、一日陸上で過ごすために着飾っている。彼の青のジャケットと縞柄のベストには見事な真鍮のボタンが付いている。ズボンはタールを塗った古い防水布製であろう。この布は年月を経るにつれて、淡いグレーになり、十分に薄く、柔らかくしなやかになる。彼の靴下は赤と白の縞柄で、靴には真鍮のバックルが付いている。
出典：「The Sailor's Present Or the Jealous Clown」，John Collet が Carrington Bowles のために制作した版画の複製（ロンドン，制作年不詳）．

図21　バージニア州の海軍（1776～80年）

バージニアの船乗り仲間が、海岸通りの居酒屋で酒宴を開いている。彼らはバージニア州海軍のさまざまな船の乗組員たちである。したがって、服装もまちまちである。ガレー船ディリジェンス号の船乗りたちは1778年のダークブルーのジャケットに帆布色のズボンを、ドラゴン号の船乗りたちは1777～1778年の茶色のジャケットとズボンを、グロスター号の船乗りたちは、1777～1780年の白いベーズ［baize］地のジャケットとズボンを、ブリグ型帆船ノーサンプトン号の船乗りたちは、1777年頃の赤い縁取り［facing］のある茶色のジャケットを、そしてスループ型帆船スコーピオン号の船乗りたちは、1776年頃の青のジャケットとズック製のズボンを着用している。

出典：Peter Copeland and Marko Zlatich, *Military Uniforms in America*, Plate 308, Company of Military Collectors and Historians の好意による

第1章 船乗りと漁師

図22 バージニア州海軍のガレー船「ヒーロー」号（1776〜78年）
ヒーロー号の乗組員たちは、1776年に次のように描写された何組かの衣服を支給された。茶色のジャケットと帆布色の色ものの縞柄のズボンと赤いベストと格子柄のシャツ、そしてグレーの紡糸製の靴下。ジャケットには木製のボタンが付いていた。被りものはさまざまであり、真ん中にいる男は「スコットランド・ボンネット［Scotchbonnet］」を被っている。
出典：Peter Copeland and Marko Zlatich, *Military Uniforms in America*, Plate 251, Company of Military Collectors and Historians の好意による。

図23 アメリカの航海長（1776～81年）
鍔が巻き上げられて三角形になった小さな帽子、スカーフ、ジャケットにペティコート・トラウザーズというこの船乗りの姿は、18世紀後半の前檣員の典型的な装いである。彼の横縞の靴下は、1780年代初期のはやりであった。
出典：Peter Copeland, *Everyday Dress of the American Revolution*（ニュー・ヨーク, 1975）.

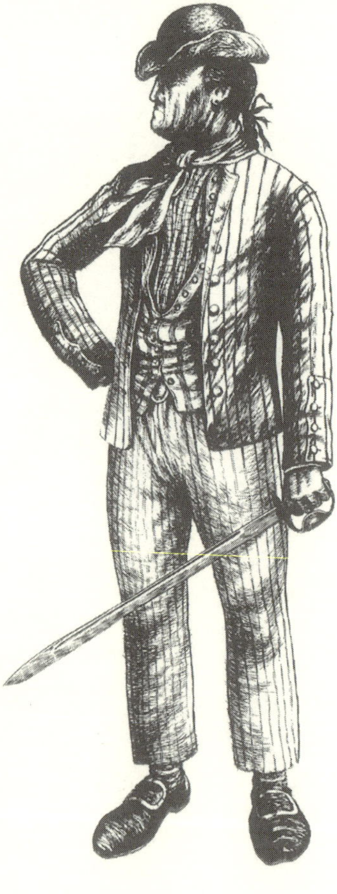

図24 ヨーロッパ大陸の軍艦の水兵
この水兵はベッドのマットレス用のティッキング製のジャケットとズボン、縞柄のウールのベスト、格子柄の亜麻布製のシャツを着用している。彼は小さな円い縁付きのフェルト[felt]帽を被り、バックル付きの靴をはき、亜麻布のネッカチーフを首に巻いている。
[著者画]

第1章　船乗りと漁師

図25　二人の船乗り（1780年代）
ここに示された衣服は、1780年以降に船乗りの衣服に見られた変化を示している。ジャケット丈が短くなり、ジャケットの前のボタンの数が増えている。袖付きのウェストコート、あるいは裾布の付いていないアンダー・ジャケットのようなものを着ている。そして、1780年以降、より一般的になった縞柄の靴下、縁付きの麦藁帽、毛皮の帽子という装いである。右側の船乗りは鉄製の複滑車と鉄帯をはめた木槌——18世紀には"commander"の名で知られた——と、鉄か牛の角か木あるいは鯨骨製と思われる、ロープの撚り継ぎに用いる円錐状のピンを携えている。
出典：Charles N. Robinson, *The British Tar in Fact and Fiction*（ロンドン，1909）．[著者画]

図26　イングランドの奴隷商人（1780年）
船乗りはこの時代の服装、つまりジャケットとズボンとダブルの打ち合わせのウェストコートとスカーフと毛皮の縁付きの帽子を身につけている。箱の上の刃のついた武器は狩猟刀あるいは短剣である。
出典：B. Reading による水彩画（1780年），Liverpool Public Libraries; *History Today*（1972年10月）．[著者画]

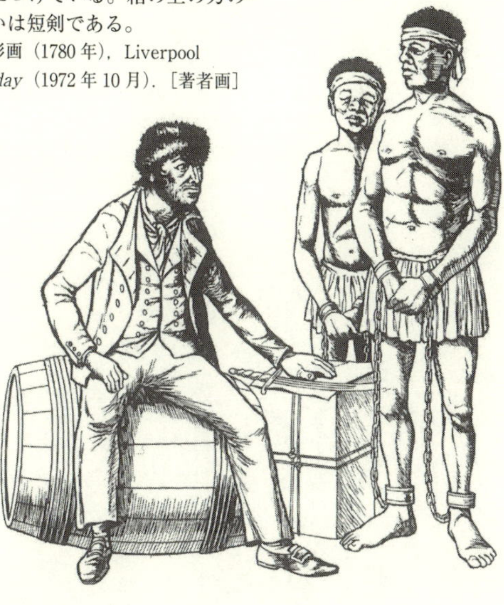

図27　船乗りの労働着（1780～90年）

水玉模様のスカーフと丈の短いダブルの打ち合わせのジャケットと横縞の靴下は、1780年代のものと思われる。ここでは、ブリーチズの上にはいてこれを保護するのに役立つものとしてペティコート・トラウザーズの利用が示されている。

出典：John Trumbullによる「Watson and the Shark」と題する油絵；「The Tobacco Box」(1790), *The Dress of the British Sailor* 収載（ロンドン、1957）．［著者画］

図28　仕事中の強制徴募隊（1782～85年）

左側の2人の船乗りは、2列に並んだボタンの付いたシングルの打ち合わせのジャケットとウェストコートを着、ペティコート・トラウザーズをはいている。彼らの小さな円い縁付きのフェルト帽は黒で、鍔の端は白いテープで縁取りされている。一番右側の船乗りのジャケットは、何本かの縫い目が白いテープの縁取りで飾られている。中央右側の将校は鍔の巻き上げられた帽子を被り、海軍将校の制服のコートを着、縞柄のズボンをはき、短剣をコートの下の肩ベルトに吊るしている。これは当時のイングランド海軍将校の正式の制服ではなく、むしろ将校が完全な制服が要求されない航海中や上陸時に仕事に就いている時に、着用した衣服である。将校は短剣を携行し、船乗りは丈夫な木の棍棒で武装している。

出典：「The Banks of the Shannon」，Carrington Bowlesによる出版（1785）．「Manning the Navy. The Press Gang on Tower Hill」，Barlowの *The Attic Miscellany* (1790) より；James Gillrayによる「The Press Gang Abducting a London Tailor」と題するスケッチ（1780年頃）；Carrington Bowlesの「The Press Gang or Cruel Separation」(1782).

第1章　船乗りと漁師

図29　上陸した船乗りと女友だち（1780〜85年）
船乗りは毛皮の飾りの付いた革またはフェルト製の縁なし帽を被り、のど元に格子柄のスカーフを結んでいる。彼のダブルの打ち合わせのウェストコートと短いジャケットは、1780年代特有のものである。
出典：Douglas Gorsline, *What People Wore*（ニュー・ヨーク，1952）．［著者画］

図30　海軍少尉候補生（1785年）
ここに示された服装は、船乗りの服装と将校の服装の要素が組合わさっている。鍔の巻き上げられた帽子と花形帽章、ベスト、コート（ダークブルー地に白で縁取りし、金めっきしたボタンが付いている）と上質の襞飾り付きのシャツは、海軍将校の服装である。しかしながら、彼はスカーフを巻き、将校のブリーチズと靴下の代わりに、船乗りのズボンをはいている。海軍少尉候補生は士官候補生であり、フォーマルな装いには海軍将校の制服を着用したが、通常の服装はイギリス海軍の準士官の服装と似たものであった。
出典：Charles N. Robinson, *The British Tar in Fact and Fiction*（ロンドン，1909）．［著者画］

33

図31 奴隷船の船長（1780～85年）
この図は西アフリカ海岸での奴隷の捕獲を描いた18世紀末の絵画をもとに描いたものである。襞飾りの付いたシャツとロング・コートと短剣から彼が船長であることが推測できる。彼の短剣には真鍮の柄と黒い革のウェストベルトと鞘がついている。国籍は不明である。
出典：アムステルダム国立美術館所蔵の絵画；Isabelle Agreet, *A Pictorial History of the Slave Trade*（ジュネーブ，1971）．［著者画］

図32 労働着姿のアメリカの船乗り（1785年）
檣上に登って働いているこの船乗りは、麦藁帽を被り、スカーフをつけて、格子柄のシャツを着、つぎの当たった帆布製のズボンをはいている。
出典：著者が各種の資料をもとに描いたもの．

第 1 章　船乗りと漁師

図 33　アメリカの船大工と将校（1785 年）
船大工は頭にスカーフを巻き付け、格子柄のウェストコートを着、キャンバス［canvas］製のエプロンを船用の細縄で腰に結び付けている。紐締めの靴をはき、靴下ははいていない。
出典：著者が各種の資料をもとに描いたもの.

図34 イングランド海軍のコック（1799年）
肉体的な理由で服務できない男たちは、船のコックとして雇われることが多かった。それはコックの仕事は前檣員ほどには機敏さを必要としなかったからである。ここに描かれているコックは粗末なオズナブルグ［oznabrug］製と思われる簡素な縁なし帽を被り、スカーフを巻き、縞柄のシャツにウェストコートを着、スロップスをはいている。
出典：T. Rowlandson による「A Naval Cook」と題する水彩画（1799）；*The Dress of the Bristish Sailor*（ロンドン用度局，1957）．［著者画］

図35 イギリス海軍の船大工（1790年）
船大工は袖なしのウェストコート（大半のボタンが亡くなっている）とその下に、もう1枚のアンダー・ウェストコートを着ている。彼の水玉のスカーフは首回りにぴったりと結ばれている。ズボンには前垂れ蓋が付いている。彼の縞柄の靴下と大きなバックルがついた軽い靴から、1780年代中頃から1790年代に流行した衣服であることを窺い知ることができる。
出典：T. Rowlandson の「Boiling the Pitch」（1799）；*The Dress of the British Sailor*．［著者画］

第 1 章 船乗りと漁師

図36　イギリス海軍の砲手（1790～95年）
砲手の4人の男たちはスモック［smock］やシャツ（ウェストコートやジャケットの下に着たボディ・シャツとは違ったオーバーシャツである）を着ている。このスモックは、通常、年月を経て滑らかで柔らかくなった古い帆布で作られた。
出典：「The Battle of Camperdown」と題する絵画，MacPherson コレクション．［著者画］

2．漁師

　イギリスの漁師の仕事着は船乗りの仕事着とほぼ同じようなものであった。漁師は船乗りのように、やはりペティコート・トラウザーズやズボン、ジャケット、縁なし帽と手袋を身につけていた。フランスとイギリスの漁師を描いた絵画は、海と荒々しい天候から身を護る履きものとして、膝上までの丈の皮革製のシーブーツが一般に用いられていたことを示している。これらのブーツ [boots] にはおそらく釘が打ちつけられていたものと思われる。つまり、ブーツの底と内底とは木製の釘で留め合わされていたのである。このような仕組みの靴は、少なくとも16世紀にはすでに見られた。とくにフランス人とネーデルランド人には、サボ（sabots）と呼ばれる木製の靴も労働靴として用いられていた。漁師の中には裸足を好む者もいた。
　紡ぎ糸や厚手の布地や動物の皮などで作られたミトンは16世紀から18世紀にかけて、漁師たちによって用いられた。「ヘーリング・ハンズ」[haling hands] という手袋もあった。これはウールやフェルト製の手袋で、掌の部分は皮革で裏打ち

第1章　船乗りと漁師

図37　ニューファンドランドの漁師（1715年）
前方の男はフード付きのジャケットとペティコート・トラウザーズを着用している。この男はキャンバス製と思われるエプロン［apron］をウェストと首にかけ、タラを釣るための釣針を手に持っている。後方の男は、防水布製と思われる、今日の防水帽（sou'wester）に形のよく似た帽子を被り、コートとミトンをつけ、身体の前部を保護するために、エプロンをかけている。ふたりとも油を塗った革製のシーブーツをはいている。
出典：Herman Moll の *Atlas Royal* に収載の北アメリカの地図(1715)，大英博物館．［著者画］

されていることが多かった。多くの漁師たちはズボンの上に防水布や年月を経て柔らかくなったキャンバス地のレギンスをはいていた。これらの手袋やレギンスはまぎれもなく魚や水から身を護るためのものであった。

　アメリカの漁師については、ナンタケットの捕鯨船上の捕鯨人が次のように描写されている。「彼はぴっしりとボタン留めされたジャケットを着て、頭にはスカーフを軽く巻きつけ、最上の鋼鉄で作られた恐ろしい武器を手にしていた[32]」。また、アメリカの漁師たちは、魚を洗う時にはバーベル[barvell]（粗悪な革製のエプロン）をかけていたことが知られている。この国の漁師が一番よくはいていた履きものの一つにブローグ[brogues]があった。これは一本の紐で結ばれた、粗末な生皮製の底の厚い靴のことである。

　漁師の妻や娘たちは、男たちと一緒に働いていたので、彼女たちの衣服もやはり興味深い。女たちは魚を洗って運んだり、網を作ったり、修理したり、獲物をさばいて売ったりして

図38　ディエップ港のフランス人の女の漁師（1762年）
左側の少女はネックの部分が開いたボディス［bodice］を着、ちょうど膝下までの丈の粗目の、重い茶色の布で作られたたっぷりしたスカートをはいている。頭にはゆったりしたスカーフを被っている。フランスの女の漁師を描いた多くの絵画に見られるように、この少女は裸足である。右側の少女は、無漂白の亜麻布製と思われるソフト・ハットを被り、スカートと赤い布で作られた丈長のジャケットを身につけている。ジャケットの下には無漂白の亜麻布製のブラウスを着ている。
出典：Joseph Vernet の「Port of Dieppe」（海洋博物館，パリ，1762）; Alfred Cobban 編 *The 18th Century*（ニュー・ヨーク，1969），p.160.　［著者画］

いた。これらの漁師の女たちは、当時の他の労働する女性たちと同じような服装をしていた。すなわち、コルセット・ボディス（corset bodice）、ジャケット、スカート、エプロン、それにずきんあるいは縁なし帽というものであった。これらの衣服は何世紀間もほとんど変化することなく、18世紀の終わりまでずっと同じ状態が続いたのである。たとえば、ホック留めしたコルセット・ボディスは、16世紀と全く同じ形態を維持していた。

　女たちは暖かい時には、コルセットの下に、ゆったりとした袖が付いた丈の短いブラウスを着た。ボディス（bodice）はスカートとは別々になった衣服だったので、暖かい日に作業する際には脱ぐことができた。幅の広いスカーフをボディスの上に

はおることが多かった。働く女たちのあいだでは、上層階級の流行のたが（hoop）入りスカートは見られなかった[33]。多くの者が厚手の木綿製（時にはキャンバス地）の白い大きなエプロンをつけ、粗末なペティコート（petticoat）をはいていた[34]。ほとんどの女たちは裸足で過ごした。靴をはく場合には、フランスの女漁師たちは木製のサボ、イギリス人は鉄の輪をつけた木製のパトン［pattens］をはくことが多かった。イギリスの女漁師たちは、当時の働く女たちが一般にはいていた革製の短靴（先が四角く、バックルか紐で留められた）をはくこともあった[35]。

　これらの女漁師たちは、普段は、下層階級の一般的な被りものであった簡素なモブ・キャップ（mob cap）を被っていた。鍔広でクラウンが平らな帽子もやはり一般に用いられていた。

図39 ディエップ港のフランス人の男の漁師（1762年）

この漁師は獲物を小枝で編んだ籠に入れ、市場に運んでいくところである。粗目の亜麻布と思われる無漂白の布製の縁なし帽を被っている。ズボンは茶色の布、またはキャンバス製のようである。ブーツは油を塗った革製である。

出典：Joseph Vernet の「Port of Dieppe」; Alfred Cobban 編, *The 18th Century*（ニュー・ヨーク，1969），p.160.［著者画］

図40 フランス人のタラ漁師とその妻（1769年）

漁師は、防水したキャンバス製と思われる、使い古された小さな円い縁付きの帽子を被り、労働者の普段着のジャケットを着て、サボをはいている。ズボンの上にはレギンス［leggings］をはいている（タールを塗ったキャンバス製と思われる）。これはシーブーツよりも安価な、身体を保護するための衣服である。彼の妻は、おそらくビーバーなどの毛皮あるいは安価なフェルト製と思われる円い平らな縁付きの帽子を被っている。スカートにたくし込まれたジャケットは、天候から身体を保護してくれる。彼女はスリッパとパトン［pattens］をはいている。これらの履物はフランスよりもイギリスの労働者の男女によく見られた。

出典：M. Duhamel du Monceau, *Traite General des Pesches et Histoire des Poissons*（パリ，1769-1777）; *Album of American History*（Colonial Period），1944.［著者画］

第1章　船乗りと漁師

図41　アメリカの漁師（1776年）

ジャケットとズボンとニットのモンマス帽とスカーフがこの船乗りの衣服である。彼のシーブーツは木製の釘で打ちつけた底が付いた、重い革製である。ジャケットの下には粗目の亜麻布製のボディ・シャツを着ている。彼は投げ綱とボート用のかぎ竿を携えている。

出典：Copeland, *Everyday Dress of the American Revolution*.

図42　ボストンの魚屋（1744年）

魚屋は縞柄のジャケットとダブルの打ち合わせのウェストコートとキャンバス製のエプロンを身につけ、バックル付きの靴をはいている。彼の小さな円い縁付きの帽子は、白いテープで縁取りされた黒いフェルト製である。そして、ズボンは赤のベーズ製である。ジャケットのボタンは鉛製である。彼は籠に魚を入れるための木のシャベルを持っている。

出典：Copeland, *Everyday Dress of the American Revolution*,「Bostonians in Distress」と題する当時の諷刺漫画（1774、シカゴ歴史学協会）に基づく．

図43 派手な頭をしたインディアンの捕鯨人（1780年）

このような多くのインディアンがアメリカの捕鯨船団の船に乗っていた。Roger Lamb は彼の著書 Journal of Occurrences of the Late American War の中で、ヤンキーの捕鯨船に乗っていたナンタケットの捕鯨人の衣服を次のように描写している。「彼はびっしりとボタン留めされたジャケットを着て、頭にはスカーフを軽く巻きつけ、最上の鋼鉄で作られた恐ろしい武器を手にしていた——この武器の把手には綱の端がしっかりと結び付けられていた」。

出典：Copeland, *Everyday Dress of the American Revolution*.

図44 スコットランドの女の漁師（1792年）

顎の下に結んだ色物のスカーフの上から、頭巾あるいはぴったりしたアンダーキャップのようなものを被っている。重いウールの縞柄のオーバースカートをウェストにたくしあげている。ショールはタータン［tartan］の布地と思われる。そして、丈夫な素材の縞の入った明るい色合いのペティコート［petticoat］をはいている。

出典：John Kay の「Series of English Portraits」（エジンバラ，1838）；Alma Oakes and Margot H. Hill, *Rural Costume*（ロンドン，1970），p.176.［著者画］

第 1 章　船乗りと漁師

図 45　フランスの漁師（1801 年）
この老いた漁師の服装は、1730 ～ 1810 年のフランスの平均的な労働者の服装と大差ない。ヨーロッパ全土で、何世紀にもわたって労働者が被っていたフリジア帽は、アメリカ独立革命期には、"Liberty Cap" として知られていた。レギンスはおそらくタールを塗ったキャンバス製であると思われる。
出典：Joseph Vernet による「Port of Dieppe」と題する絵．［著者画］

図 46　グリーンランドの漁場の捕鯨人（1744 年）
ここに見られるジャケットとふっくらとしたブリーチズは、当時のオランダの船乗りが着用していたものと類似している。後ろにいる漁師は、船乗りのペティコート・トラウザーズとレギンスの一種をはいている。右側の男は革製のシーブーツをはき、銛を携えている。これは数種類ある捕鯨用の銛のうちのひとつである。
出典：Monck, *Account of a Most Dangerous Voyage to Greenland*, Churchill の *Voyages*, London 1744, vol.1 所収, p.54；M. V. and Dorothy Brewington によるケンドル博物館捕鯨版画, ケンドル捕鯨博物館（マサチューセッツ州シャロン, 1969）．［著者画］

図47 イギリスの漁民（1810年）
ここに描かれている漁師のうちの二人は布製あるいはニットのモンマス帽を被っている。また、漁師のうちの二人は革製のブーツをはいている。女性の被っている円い帽子の縁は、その下に被っている縁なし帽を覆うように下に引き下ろされている。
出典：William H. Pyne, *Microcosm*（ロンドン, 1806）．［著者画］

図48 フランスの捕鯨人（1780年代）
シングルの打ち合わせのジャケット、ウェストコート、ズボン、ゆったりしたブリーチズ、円い縁付きの帽子、そして毛皮の縁なし帽。このような衣服が当時、一般に捕鯨人によって着用されていた。左側の男は、ウェストコート、あるいはアンダー・ジャケットをゆったりしただぶだぶのブリーチズの中にたくし込んでいる。
出典：M. Duhamel du Monceau, *Traité Generale des Pesches et Histoire des Poissons*（パリ, 1782）; *Kendall Whaling Museum Prints*, ケンドル捕鯨博物館（マサチューセッツ州シャロン, 1969), p.187; Leonard Harrison Mathews, *The Whale*（ニュー・ヨーク, 1968), p.118.［著者画］

第 1 章　船乗りと漁師

図 49　若いイギリスの船頭（1792 年）
船頭は幾人かの紳士の釣り人のために、川にそって竿をさしている。彼のズボンは、この当時以前のものと比べるといくらかゆったりしていて、丈も長い。これ以外は、彼は 1770 年代および 1780 年代の船乗りに特有の服装をしている。
出典: W. Dickinson による「Patience in a Punt」と題する著者所蔵の版画（ロンドン，1792）．

〈原注〉

1) Carles H. Sherrill, *French Memories of 18th Century America* (New York, 1915).
2) Carl Bridenbaugh, *Cities in Revolt: Urban Life in America, 1743-1776* (New York, 1955), p.86.
3) Jesse Lemisch, "Jack Tar in the Streets," *William and Mary Quarterly* (July 1968): 378.
4) Ibid.
5) Bridenbaugh, op. cit., p. 309.
6) Lemish, op. cit., p. 395.
7) Library of Congress, Manuscript Division, Record Group 94.
8) *Pennsylvania Gazette* (January 1729).
9) *Society for Army Historical Research*, Vol.10 (London, 1931), p.125.
10) C. Lloyd and L. S. Coulter, *Medicine and the Navy, 1200-1900*, Vol. 3, 1714-1815 (London and Edinburgh, 1961), p.77.
11) Peter Copeland and Marko Zlatich, *Military Uniforms in America*, Plate 308: "The Virginia State Navy."
12) Description of a deserter from the brig *Liberty*, Virginia State Navy, 1776, Company of Military Historians (1968).
13) Samuel Kelly, *Samuel Kelly, An Eighteenth Century Seaman* (New York, 1925), p.97.
14) Dudley Jarrett, *British Naval Dress* (London, 1960), pp.15-30.
15) Cunnington, Lucas, and Mansfield, *Occupational Costume in England*, p.59.
16) Samuel Kelly, op. cit.
17) *Williamsburg Day Book*, 13 June 1776, Virginia State Library, Richmond, Virginia. Courtesy of Marko Zlatich.
18) "The Dress of the British Sailor," National Maritime Museum (London, 1957).
19) "John Sloan's Museum," *Apollo Magazine* (January 1972) : 7.
20) Samuel Kelly, op. cit.
21) Ibid., p.29.
22) *Williamsburg Day Book*, 22 June 1776, Virginia State Library, Richmond, Virginia.
23) *Pennsylvania Ledger*, 15 April 1778. Courtesy of Albert W. Haarmann.
24) Charles N. Robinson, *The British Tar in Fact and Fiction* (London, 1909), p.97.
25) *New York Journal No. 1776*, 8 September 1777.
26) Personal communication from Don Troiani, July 1970.
27) Samuel Kelly, op. cit.
28) Copeland and Zlatich, *Military Uniforms in America*, Plate 251: "The Hero Galley, Virginia State Navy, 1776-1778."
29) Ibid., Plate 308: "The Virginia State Navy."
30) *The Adventures of Christopher Hawkins* (New York, 1864). Courtesy of Jane Ross.
31) Cunnington, Lucas, and Mansfield, op. cit., pp.54- 57.
32) Roger Lamb, *Journal of Occurrences of the Late American War* (Dublin, 1809), p.203.
33) Alma Oakes and Margot H. Hill, *Rural Costume* (London, 1970), pp. 67-75.
34) Cunnington, Lucas, and Mansfield, op. cit., p.64.
35) Oakes and Hill, op. cit., p.81.

第2章
農民と農村労働者

　新世界の農業は、当初はヨーロッパの植民者たちの生活を支えるだけのものに過ぎなかったが、植民期を通じて、驚異的に発展し、18世紀にはすでにアメリカの貿易活動における重要な要素となっていた。植民地のそれぞれのグループで生産された農産物は、この時点ですでに自らの消費要求をはるかに上回るようになっており、定期的に植民地から植民地へ、また、イギリスやヨーロッパ大陸、西インド諸島へと国外に輸出された。各々の植民地によっておこなわれた専業化は、このような貿易を促進した。牧畜と肉の生産がおこなわれたニュー・イングランド、穀物生産がおこなわれた中部植民地、タバコ、米、藍および海軍の軍需品の生産がおこなわれた南部は、1700年代のアメリカ資本主義の成長に大きく貢献した。

　アメリカの農業労働者に関して言えば、その状態はヨーロッパの農民大衆の状態よりも明らかに良かった。神父ロビンは1782年に、次のように述べている。「我が国の農民よりも質素なアメリカの農夫たちには、我が国の農民のようなやぼったさ

図50 ドイツの農婦（1720年頃）
このようなスタイルの衣服——ぴったりフィットした——帽子と紐締めされたコルセット・ボディスとエプロン［apron］——は、18世紀初期のペンシルベニアのドイツ人農婦の衣服でもあった。
出典：Oakes and Hill, *Rural Costume*.
［著者画］

も田舎くささも見られない。彼らは良く教育されていて、頑固さもなく、しらばっくれたところもない。彼らは古い慣習にとらわれることも少なく、自分たちの快適さを増すための改良をしたり、発明したりすることが、より巧みである[1]」と。アメリカ人をそれほど「やぼったく」なくした一つの要因は、彼らと都市とのより密接な結びつきであろう。18世紀の間に、農場と都市社会との間に道路網が敷かれた。この道路網の第一の目的は、ヨーロッパからの輸入品の販路を求める沿岸諸都市の要求に応えることであった[2]。

農村の衣服

イギリスの多くの農民大衆の生活状態は、農奴身分の終結と古い奢侈禁止令の廃止にともなって、18世紀までにはかなり向上していた。彼らの衣服は、彼らの向上した暮らし向きをある程度まで反映した。農民の衣服はますます都市労働者の衣服に類似してきた。たとえば、畑ではもはやエプロン［apron］は

第2章　農民と農村労働者

かけなくなり、今や流行のロング・コート（long coat）を採り入れたのである[3]。

ヨーロッパから移住してわずか1、2世代しか経っていない農民たちが、イギリスで着用されていた衣服を模倣したのは、驚くに当たらない。農村のファッションは、一般に都市のファッションに比べて、何年か遅れはしたものの、農民大衆もやはり、都市住民の中に彼らの衣服のモデルを求めたのである。農村の仕事着のほとんどを作っていた婦人たちは、北大西洋の回廊地帯の多くに見られた衣服のスタイルを写し取ったのである。

アメリカにおける民族の多様性のゆえに、必ずしも全ての農民がイギリス風に装っていたわけではない。オランダのファッションは（その言語とともに）、アメリカ独立革命まで、ニュー・ヨーク州のあちこちに根強く残っていた。ペンシルベニアのいくつかの地域では、ドイツ人の女性のある者は、彼女たちの母国のスタイルに装っており、ノース・カロライナの奥地では、1770年代になってもスコットランド高地の衣服が見られた。しかしながら、全体として見るとアメリカの農民の衣服は、イギリスの農民の衣服と非常によく似ていることが多かった。

世紀半ばには、ほとんどの農村の男たちは1700年代のだぶだぶのブリーチズ[breeches]とゆったりとしたジャケット[jacket]を脱ぎ捨てていた。今や彼らの標準的な身なりは、都市労働者や水夫たちが身につけていたタイプの、ぴったりしたブリーチズ、ボタンがたくさん付いた、身体に密着した、どちらかというと裾長のジャケットとなった。アメリカ独立革命が始まるころまでには、当時あらゆる社会階級で着用されていた丈の長いシングルの打ち合わせのフロック・コート（frock coat）が、農民たちに広く採り入れられていた。農民たちには

51

図 51　アイルランドの農婦（1710 年）
このような衣服は 17 世紀を通じて、ニュー・ジャージーとニュー・ヨークに植民したスコットランド系アイルランド人の農婦が着ていた典型的な衣服である。
出典：*American Heritage History of the Thirteen Colonies*（ニュー・ヨーク，1967）．［著者画］

都市の人びとのウェストコート［waistcoat］に似たコートを着用するゆとりが出てきた。そして、多くの人びとが上層階級のブリーチズのようなぴったりとしたブリーチズをはいていた。ブリーチズの丈は膝下となり、膝の部分でボタンやバックルで留められていた[4]。これらのブリーチズは一般になめし革や、鹿皮、羊の皮で作られた[5]。

　男たちがふだん畑で身につけていた仕事着は、袖丈が長くて、膝下までの長さの粗末な亜麻布のシャツあるいはスモック［smock］、ホームスパン（homespun）のズボンまたはブリーチズ、巻き上げていない大きなフェルト［felt］帽と頑丈な革製の靴という組合せであった。暑い日には、プランテーションや農場の労働者たちは、ぴったりフィットした不快なブリーチズではなく、スキルト（skilts）、すなわち、膝のわずかに下までの丈の短い茶色のズボンをはいていた。スキルトは粗麻布製であり、南部では「ニグロ・クロス」（negro cloth）あるいは「ネイティブ・クロス」（native-cloth）製であった[6]。彼らの

第2章　農民と農村労働者

図52　イギリスの農村のカップル（1750年頃）
農村の少年は鍔の巻き上げられた小さな帽子を被り、袖付きのウェストコート［waistcoat］またはジャケット［jacket］を着て、前垂れ蓋ではなく、これと同様に一般的であった比翼仕立て風の開きの付いたブリーチズ［breeches］をはいている。彼の靴は、女性のはいている靴と同じように、バックル付きである。彼女は亜麻布製のモブ・キャップとスカーフとシンプルな暗い色のドレスと目の粗い布製と思われるエプロンを身につけている。
出典：Robert Raines, *Marcellus Laroon*（ロンドン，1966）．［著者画］

　靴の中には、踵のまわりが蹄鉄のような形をした鉄の帯金で保護されているものもあった。裕福になるにつれて、バックル付きの靴は農民の間でも決して珍しいものではなくなってはいたが、それでも、紐締めタイプの靴が最も多かった。オランダやフランスの農民がはいていた木製のサボ（sabots）は、アメリカではあまり見られなかった。とくに遠く離れた開拓地では、男女ともにインディアンのモカシン（moccasins）をはいていた。脚の外側で紐締めしたりボタン留めする、キャンバス［canvas］地や粗い亜麻布製の短いゲートル（gaiter）も用いられた。

　北欧でよく見られたフリジア（Phrygian）帽（またはサクソン Saxon 帽）をアメリカの農民も被っていた。イギリスではあらゆる階層の農業労働者が鬘［wig］を被っていた。鬘はアメリカでもイギリス同様、人気があったが、鬘を被る習慣はイギリスほど広くは広まらなかった。

　農村の女たちは都市の婦人労働者のスタイルに装っていた。

基本的な衣服はコルセット・ボディス（corset bodice）、ジャケット、スカート（skirt）、エプロン、モブ・キャップ（mob cap）であった。ヨーロッパの場合と同様に、都市近郊の農村の女性たちの衣服は、都市の女性たちの衣服にますます似てきた。彼女たちは夏には一般に袖の短いシャツやブラウスを着、首にはネッカチーフ（kerchief）をかけ、その裾をコルセットやボディスの中に押し込んだ。彼女たちのエプロンは亜麻製や木綿製で、色ものや白やチェックであった。彼女たちの多くは、町へ旅行する時にはフード付きの黒または赤の旅行用の外套を着るか、あるいは単に男ものの外套ないしシュルトゥーを着ていた。

男も女も雨の日には、鉄製の輪のついた木製のパトン[pattens]をはいていた。女たちの靴下はニットで、普通は暗色であった。

スコットランドでもイングランドでも、農婦たちは縁付きの帽子や縁なし帽を被らずに、むしろ頭に質素なスカーフを被って、顎の下で結んでいることの方が多かった。このような慣習はおそらくアメリカでも多く採り入れられていたものと思われる。夏には平べったい麦藁帽子が見られた。しかしながら、ほとんどの農婦たちは、戸外で仕事をする時には男ものの円い縁付きのフェルト帽を好んだようである。イギリスでは「バリーコック」（bullycock）と呼ばれたこの鍔広の帽子は、アメリカのどの農村でも非常に人気があった。農婦の中には、畑仕事をする時にガウン（gown）を着ない人たちもいた。1780年代後半の記事は、当時のイギリスの農婦について次のような描写をしている。「イギリスの農婦は半分だけ紐締めしたコルセットを着け、首のまわりにハンカチーフ（handkerchief）のようなものを巻いている。彼女たちは単色のフランネルまたは毛織物のペティコート[petticoat]を着、靴や靴下ははいていな

い——そして、コート［ペティコート］は、ズボンの形になるように、ピンで裾上げして、膝こぞまで脚を出していた[7]」と。多くの婦人たちは畑で仕事をする時には、能率が悪くなるので、ガウンを着なかったようである。農婦たちが戸外で仕事をする時に、男性の衣服を身につけることも普通であった。天候から身を護るために、機能的でゆとりのある衣服が、あらゆる農民の作業時の装いの特徴となった。

図53 イギリスの樵（1748年）
この農村の労働者の衣服は、彼の貧しさを反映している。キャンバス［canvas］製、あるいは目の粗い無漂白の亜麻布製と思われる丈長のジャケット、ボディ・シャツ、膝の部分をバックルで締めたブリーチズ、靴下とバックルの代わりに紐の付いた靴という装いである。彼の斧はメイフラワー号でジェームズタウンへもたらされた英国系アメリカ人の伐採用の斧に似ている。
出典：Robert Raines, *Marcellus Laroon*（ロンドン，1966）．［著者画］

図54 イギリスの農夫（1731年）
この農夫は旅行用に、鍔広のフェルト［felt］帽、縦型のポケットと大きなカフスの付いたこの時代のシュルトゥーを着ている。彼はシュルトゥーの下にベルト付きのシングルの打ち合わせのコートとブリーチズを着用して、拍車の付いた大きな革製のブーツをはいている。
出典：Robert Raines, *Marcellus Laroon*（ロンドン，1966）．［著者画］

第2章　農民と農村労働者

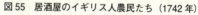

図55　居酒屋のイギリス人農民たち（1742年）
この陽気にさわいでいるグループは、さまざまな衣服を着ている。後ろの左右の二人の男たちは、亜麻布製の帽子を被り、袖丈の短いアンダー・ジャケットの上に袖なしのウェストコートを着ている。バイオリン弾きを除き、全員が髪を短くきちんと刈り込んでおり、これは、彼らは皆、おそらくは仕事中でさえ、いつも鬘を被っていたことを示唆している。
出典：Robert Raines, *Marcellus Laroon*（ロンドン，1966）．［著者画］

図56　年老いたイギリスの農夫（1750年）
この年老いた農村の男はかなり痛んだ明るい色の帽子を被り、擦り切れた亜麻布製のボディ・シャツをウェストにたくし上げて結び、シュルトゥーとブリーチズとレギンス［leggings］を着用して、革の靴を革紐あるいは細枝で結んではいている。
出典：Thomas Gainsborough による「Old Peasant with Donkey」と題する油絵, Mrs. H. W. Standring 所蔵．［著者画］

図57　フランスの田舎の農夫たちの婚約（1761年）
座っている年配の男は、まだ18世紀初期のように、ブリーチズの膝の上に靴下を引き上げてはいている。ここに見られるように、フランスの農村の人たちの服装は、この時代のイギリスの農夫の服装ととてもよく似ていた。
出典：Jean Baptiste Greuzeによる「Accordee de Village」と題する油絵（1761）.

第2章　農民と農村労働者

図58　イギリスの農業労働者（1770年頃）
彼は大きな円いフェルト帽を被り、シングルの打ち合わせのジャケットと裾布のない丈の短いウェストコートとブリーチズを着用して、靴下をはかずに、バックル付きの靴をはいている。このような多くの男たちが、アメリカ植民地で年季契約奉公人になった。
出典：*American Heritage History of the Thirteen Colonies*.［著者画］

図59　イギリスの農村の少女（1770～1780年）
縞柄のスカーフをボディス［bodice］の上に羽織り、ウェストにプリーツのある丈の長いたっぷりしたエプロンをつけ、バックル付きの靴をはき、顎の下でリボンで結んで、帽子を被っている。このような服装は、18世紀後半を通じて、若い女の子たちに典型的な服装であった。
出典：A. P. Oppe, *The Drawings of Paul and Thomas Sandby in the Collection of His Majesty the King at Windsor Castle*（オックスフォード, 1947）.［著者画］

図 60 収穫するイギリス人（1795 年）
この労働者は珍しく小奇麗な身なりをしている。紳士の装いのようにエレガントな光沢のある白い亜麻布製のシャツと汚れのないブリーチズと靴下姿である。
出典：George Stubbs による「Reapers」と題する絵画（1795 年頃）．「Painting in England, 1700-1850」所収．Mr. and Mrs. Paul Mellon 所蔵．バージニア美術館．[著者画]

図 61 ドイツの農民（1773 年）
円い帽子の片方の鍔をボタンとループで巻き上げ、縦型のスラッシュ状のポケットの付いたシュルトゥーを着て、ブリーチズと靴下と、バックルの付いた靴をはいている。
出典：Daniel Chodowieckis, *Künstlerfahrt nach Danzig im Jahre 1773*（ベルリン，1908）．[著者画]

図 62 ドイツの農婦（1773 年）
ダンツィヒ近郊出身のこのドイツ人農婦のサック・ドレスとエプロンとモブ・キャップは、植民地の労働者の衣服にとてもよく似ている。
出典：Daniel Chodowieckis, *Künstlerfahrt nach Danzig im Jahre 1773*（ベルリン，1908）．[著者画]

第 2 章　農民と農村労働者

図63　植民地の主婦（1775年）
リボンの付いたモップ・キャップを被り、水玉模様のボディスにスカーフをたくし込み、厚手のウール地のスカートをはき、マットレス用のティッキング製のエプロンをかけている。
出典：Copeland, *Everyday Dress of the American Revolution*.

図64　植民地の農夫とその妻（1776年）
農夫はホームスパンのジャケットとウェストコートとズボンを着用し、小さな円いフェルト帽を被り、オズナブルグ［oznabrug］の亜麻布製のエプロンをかけ、インディアンのモカシンをはいている。彼の妻は男もののフェルト帽を被り、シュルトゥーを着て、スカートの上から亜麻布製のエプロンをかけている。
出典：Copeland, *Everyday Dress of the American Revolution*

図65 植民地の搾乳婦（1777年）
亜麻布製の帽子、水玉模様のボディス、木綿のブラウス、目の粗い亜麻布製のエプロン、そしてはき古したホームスパンの布製のスカートという装いである。
出典：Copeland, *Everyday Dress of the American Revolution*

図66 植民地の羊飼い（1775年）
丈長のシュルトゥーは、この時代に兵士が着ていた歩哨の見張り用のコートに似ている。鍔広の帽子は、自然から身を護るのに役立つ。この羊飼いはコートの下に目の粗い亜麻布製のシャツ、あるいはスモックを着ている。彼のブリーチズは革製で、靴下は畝模様のウーステッドである。彼は、労働者や戦場の兵士たちが一般にはいていたゲートル、あるいは「はねよけゲートル」をはいている。また食糧品を入れるために、雑嚢と兵士用のブリキの水筒を携行している。
出典：Copeland, *Everyday Dress of the American Revolution*.

第2章 農民と農村労働者

図67 イギリスの羊飼い（1800年頃）
彼は農民に典型的な丈の長い、ゆったりとしたスモックを着て、革製のブリーチズとゲートルをはいている。食糧は肩からかけた粗麻布製の雑嚢の中に入っている。
出典：William Henry Pyne, *Microcosm*（ロンドン，1806）.［著者画］

図68 イギリスの樵（1805年）
左側の男が着用している毛皮のウェストコートあるいは袖なしジャケットは、18世紀にはめったに見られなかった。
出典：William Henry Pyne, *Microcosm*（ロンドン，1806）.［著者画］

図 69 イギリスの酪農場で働く男と女（1805 年）
この男女はこの時代に典型的な農民服を着ている。男は目の粗い亜麻布（または粗麻布）製のスモックと丈の短いレギンスを着用している。女はモブ・キャップを被り、スカーフをボディスにぞんざいにたくし込んで、エプロンをかけている。
出典：William Henry Pyne, *Microcosm*（ロンドン，1806）．［著者画］

図 70 農村のイギリス人（1810 年頃）
労働者の円い帽子とスカーフとジャケットとウェストコートとブリーチズと、キャンバス製あるいは目の粗い亜麻布製の丈の短いレギンスという服装をしている。
出典：William Henry Pyne, *Etching of Rustic Figures*（ロンドン，1814）．［著者画］

第 2 章　農民と農村労働者

図71　イギリスの農婦（1810 年）
円いフェルト帽はアメリカ植民地全土で男女の農民が被っていた最も一般的な被りものであった。
出典：William Henry Pyne, *Etching of Rustic Figures*（ロンドン，1814）．
［著者画］

図72　イギリス農村の農婦と子供たち（1810 年）
労働者階級の子供たちは、歩けるようになると、彼らの両親と同じ種類の衣服を着た。
出典：William Henry Pyne, *Etching of Rustic Figures*（ロンドン，1814）．［著者画］

図73 イギリスの草刈人（1810年）
草刈人たちが畑に草刈機と水やビールを運ぶための容器を携行している姿が見られる。右側の男は腰に砥石を入れるための革の鞘を携えている。
出典：William Henry Pyne, *Microcosm*（ロンドン, 1806）．［著者画］

〈原注〉
1) Sherrill, *French Memories of 18th Century America*.
2) Warwick, Pitz, and Wyckoff, *Early American Dress*, p.147.
3) Cunnington, Lucas, and Mansfield, *Occupational Costume in England*, p.30.
4) Ibid., p.47.
5) Warwick, Pitz, and Wyckoff, op.cit., p.159.
6) Earle, *Two Centuries of Costume in America*,
7) Ibid., p.409.

第3章
職人と都市労働者

　18世紀までには植民地アメリカの経済は急速に発展しつつあった。今や植民者たちは多くの商品を国内で生産しており、本国に依存することはますます少なくなっていった。

　植民地産業の多くは都市型の産業であったため、都市労働力が、その需要を満たすべく発展した。植民地の各々のグループは、世紀が進むにつれて、それぞれの産業にさらに専業化していった。そして、それに付随して、労働力は明確な地域的特徴を帯びるようになった。農業が優勢であった南部では、主に黒人奴隷からなる非熟練労働力が生まれた。南部農村地域では、チャールストンを除いて、職人が不足し[1]、18世紀を通じてその状態が続いた。そこでの職人はいずれも、元々は大工や煉瓦職人などとしてたたきあげられた黒人であった。こうして奴隷たちは、1600年代にこれらの需要を満たしていた年季契約奉公人にとってかわった[2]。プランテーションで働いていた奴隷の職人たちが南部経済に必要とされた製品のほとんどを生産した。南部の農民の家族は、富めるも貧しきも自分たちの農場で多く

図74 フランスの印刷屋（1760年代）
亜麻布製または帆布製の帽子にジャケット［jacket］または丈の短いシングルの打ち合わせのコートとウェストコート［waistcoat］を着て、胸当て付きのエプロン［apron］を紐とボタンで胸に固定している。
出典：Denis Diderot, *Diderot's Pictorial Encyclopedia of Trades and Industry* （ニュー・ヨーク，1959）．［著者画］

の物を作っていた。タバコを貿易品としたより裕福な入植者たちは、彼らのプランテーションで生産することのできない商品は何であろうと、イギリスから輸入していた。その結果、南部植民地では「職人」階級を生み出したり、あるいは徒弟制度を職人制度へと発展させることはなかった。この職人制度は北部植民地の生活においては非常に大きな存在として立ち現れていた。

都市社会が急速に発展していた中部植民地とニュー・イングランドでは熟練労働に対する大きな需要があった。そのため職人は労働力の重要な構成要素となった。南部における状態とは対照的に、北部植民地は多くの民族集団をひきつけた。彼らは職人としての知識と技術をヨーロッパからもたらした。

北部に入植したイングランド人、アイルランド人、スコットランド人、フランス人、オランダ人、ドイツ人およびスウェーデン人の寄り合い所帯は、18世紀全体を通じて、技術のブームを生み、そのブームを持続させることに役立った。独立革命の

始まったころには、特に農村地帯のほとんどの衣服は、まだ本国で製造されていたのであるが、北部では衣服産業がすでに発展しつつあった。

　銀細工師は世紀半ばにはすでに活躍しており、1700年代初期にコネティカットで始まった時計製造は、1770年代には広く知られるようになっていた。北部で繁栄していた他の産業としては、陶器やガラスの製造、鉄や真鍮の溶接、紙の製造、鬘の製造、靴の製造、仕立ておよび布の製造、帽子の製造、戸棚の製造、樽の製造、造船、荷馬車や大型四輪馬車の製造、および皮革の製造があった。

都市の衣服

　アメリカの都市労働者の衣服は、ヨーロッパの衣服に大いに類似する傾向があった。ただし、アメリカの都市労働者はヨーロッパの都市労働者よりもいくらか裕福であり、したがって、より良い装いをしていた。アメリカの都市労働者は、多くの生産手段をもち、また中産階級と日々の取引をしていたため、農村の労働者よりも当時のファッションを模倣するのに、より恵まれた立場にあった。それゆえ、都市労働者や職人たちは上層階級を真似て、髪の毛を脇でカールさせていた。また、彼らは鍔を巻き上げた帽子を被り、ストック・タイ [stock] をし、襞飾りのついたシャツを着、バックル付きの靴をはき、そして、農村の人びとの間に普及していたジャケット [jacket] とスモック [smock] ではなく、コートを着ていた。

　都市の労働者と職人の職業を最もはっきりそれと分からせたのは、エプロン [apron] であった。たとえば、「7月4日の観察、連邦大行進、フィラデルフィア、1788年」（Observation of the 4th of July, Grand Federal Procession, Philadelphia, 1788）というパンフレットには次のように記されている。パンとビスケッ

図75 イギリスの鋳掛け屋（1785年頃）
鋳掛け屋は鉄製品や真鍮製品や銅製品や錫製品やピューター製の器物類を修理する職人であった。小さな円い帽子の鍔を巻き上げ、船乗りのスタイルのジャケットとブリーチズ［breeches］と革製のエプロンを身につけている。商売道具を入れた革製の鞄を背中に下げている。
出典：Bowls and Carver, *Catchpenny Prints*（ロンドン，1970）．［著者画］

トの製造人はウェストのまわりに青のサッシュで結んだ「たっぷりプリーツの入ったエプロン」、鉄砲鍛冶は緑のベーズのエプロン、革の製造職人と獣脂ろうそく職人は青のエプロン、靴屋と樽屋は白い革のエプロン、戸棚や椅子の製造職人は亜麻布のエプロンをかけていた[3]。実際、エプロンと、当然のことながら彼らの使う道具や衣服の質を別とすれば、職人と都市労働者を区別するものは、ほとんど何もなかった。

第 3 章　職人と都市労働者

図 76　植民地の大工（1777 年）
ここに描かれた大工——ニュー・ジャージー出身の自由黒人——は、鍔の巻き上げられた帽子を被り、緑の帆布製のジャケットともみ革製のウェストコートとオズナブルグ［oznabrug］の亜麻布製のズボン［trousers］を着用し、紐結びの靴をはいている。靴下ははいていない。
出典：Copeland, *Everyday Dress of the American Revolution*.

図 77　フランスの大工（1770 年）
ニットの帽子、袖なしのウェストコート、亜麻布製のシャツ、ブリーチズおよびエプロンを身につけている。
出典：Denis Diderot, *Diderot's Pictorial Encyclopedia of Trades and Industry*（ニュー・ヨーク，1959）．［著者画］

図78 イタリアの大工（1753年）
ジャケットとベストとブリーチズとエプロンを身につけ、藁製の浅いバスケットに道具を入れて運んでいる。
出典：Gaetano Zompini, *Le Arti Che Vanno per Via Della Citta di Venezia* (1753), p.723, および Milia Davenport, *The Book of Costume*（ニュー・ヨーク，1948), Vol.2.「元井能監修，中井長子他訳『服装の書』第2巻（関西衣生活研究会，1993年）．723頁」[著者画]

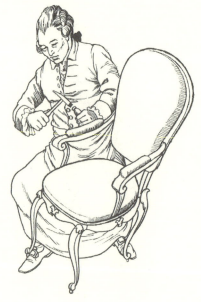

図79 フランスの家具職人（1762年）
中産階級のファッションに髪を結い、両側で巻き上げ、後ろはリボンで結えている。襞飾りをあしらったシャツとシングルの打ち合わせのコートを着て、エプロンをかけ、バックル付きの靴をはいている。
出典：Denis Diderot, *Diderot's Pictorial Encyclopedia of Trades and Industry*（ニュー・ヨーク，1959）．[著者画]

第3章 職人と都市労働者

図80 アメリカの車大工（1788年）
小さな円い帽子［hat］とジャケット、膝のところで結んだ革製のブリーチズ、靴下、インディアン・スタイルのモカシン（moccasins）、そしてウェスト部分で紐で留めた革製のエプロンという服装である。
出典：Copeland, *Everyday Dress of the American Revolution*.

図81 アメリカの樽屋（1770年代後半）
亜麻布製の帽子、ネッカチーフ、格子柄のウェストコート、革製のエプロン、革製のブリーチズ、亜麻布製のシャツ、そしてウーステッドの畝模様の靴下という服装である。
出典：Copeland, *Everyday Dress of the American Revolution*.

図82　フランスの石工の徒弟（1760年代）
無帽で、袖なしのウェストコートと亜麻布製のボディ・シャツと革製のブリーチズという服装である。
出典：Denis Diderot, *Diderot's Pictorial Encyclopedia of Trades and Industry*（ニュー・ヨーク，1959）．［著者画］

図83　フランスのブリキ職人（1760年代）
帽子（ニットのようである）、ダブルの打ち合わせのコートにシャツ、そしてブリーチズという服装である。
出典：Denis Diderot, *Diderot's Pictorial Encyclopedia of Trades and Industry*（ニュー・ヨーク，1959）．［著者画］

図84　フランスの蹄鉄工と徒弟（1760年代）
蹄鉄工は道具を入れる革製の小物入れの付いたウェストベルトを締めている。肘上の丈に袖を切りとったジャケットを着て、革製のエプロンをかけている。彼の徒弟は帽子を被り、ダブルの打ち合わせのウェストコートを着て、革製のエプロンをかけている。二人とも靴の代わりにスリッパをはいている。
出典：Denis Diderot, *Diderot's Pictorial Encyclopedia of Trades and Industry*（ニュー・ヨーク，1959）．［著者画］

第3章　職人と都市労働者

図85　アメリカの鍛冶屋（1779年）
亜麻布製の帽子、労働者のジャケット、格子柄のシャツ、革製のぼろぼろのエプロン、ウーステッドの靴下、布製のスリッパおよび黒い革のブリーチズという服装である。
出典：Copeland, *Everyday Dress of the American Revolution*

図86　フランスの鍛冶屋（1760年代）
三角帽、胸当て付きエプロン、ジャケット、ブリーチズおよびバックル付きの靴という服装である。
出典：Denis Diderot, *Diderot's Pictorial Encyclopedia of Trades and Industry*（ニュー・ヨーク，1959）．［著者画］

図87　イギリスの銅細工師（1805年）
袖なしのウェストコートの下に丈の短いジャケットを着て、縞柄のシャツにスカーフを結び、ブリーチズの膝の部分のバックルをはずし、バックル付きの靴をはいている。
出典：William Henry Pyne, *Microcosm*.［著者画］

図88　フランスのピューター職人（1778年）
三角帽、袖付きのウェストコート、エプロンおよびブリーチズという服装である。
出典：Pierre-Augustin Salmon, *L'art du Potier d'Etain*（パリ，1788）.［著者画］

第3章 職人と都市労働者

図89 フランスの時計屋（1760年）
ボタンとループの付いた三角帽、ジャケット、シャツおよびブリーチズという服装である。
出典：Denis Diderot, *Diderot's Pictorial Encyclopedia of Trades and Industry* (ニュー・ヨーク, 1959). [著者画]

図90 フランスの箔押し師（1760年代）
亜麻布製の帽子、丈の短いウェストコート、ブリーチズおよび丈の短いエプロンという服装である。
出典：Denis Diderot, *Diderot's Pictorial Encyclopedia of Trades and Industry* (ニュー・ヨーク, 1959). [著者画]

図91 イギリスの皮なめし工（1780年代）
ウェストコートの上に羊皮のエプロンをかけ、その上に革製のエプロンをかけている。革の脛当ては強力ななめし用の液体である「タンニン抽出液」となめす時に用いる硫酸から身体を保護するためのものである。
出典：Copeland, *Everyday Dress of the American Revolution.*

図92 フランスの板ガラス工（1760年代）
大きな革製のエプロンがのど元から膝下まで、身体を覆っている。これはガラス溶解炉の強い熱から身体を保護するためのものである。
出典：Denis Diderot, *Diderot's Pictorial Encyclopedia of Trades and Industry*（ニュー・ヨーク，1959）．［著者画］

図93 フランスのガラス吹き職人（1760年代）
眼の覆いは炉の熱から眼を保護するためのものである。この職人もやはり亜麻布製の帽子を被り、ゆったりしたスモックを着て、首から膝まで亜麻布製のエプロンをかけている。だが、ブリーチズも靴下もはいていない。
出典：Denis Diderot, *Diderot's Pictorial Encyclopedia of Trades and Industry*（ニュー・ヨーク，1959）．［著者画］

第3章　職人と都市労働者

図 94　鋳物工場の労働者（1772 〜 1775 年）
職工たちのうちの三人は丈の短いジャケットを着ており、左側の男のジャケットはダブルの打ち合わせである。中央の男は袖なしのウェストコートを着ている。二人は三角帽を被っており、右端の男の帽子は鍔のうしろ側が巻き上げられている。座っている男は鬘を被っているようであり、彼は襞飾りの付いたシャツを着ている。
出典：イギリス、ウーリジの王立真鍮鋳物工場で描かれた水彩画（1772 〜 1775）；Melvin Jackson and Charles De Beer, *Eighteenth Century Gunfoundery*（ワシントン D.C., 1974）．［著者画］

図95A 炉の番をしている鋳物工
右側の男はスモックとブリーチズとレギンス[leggings]を着用して、もうひとりの男はリボンの花形帽章[cockade]付きの円い帽子を被り、シングルの打ち合わせのコートとエプロンという服装である。
出典：イギリス、ウーリジの王立真鍮鋳物工場で描かれた水彩画（1772～1775）; Melvin Jackson and Charles De Beer, *Eighteenth Century Gunfoundery*（ワシントンD.C., 1974）．[著者画]

図95B 鉄砲の鋳型から心棒をとりはずしている鋳物工
二人ともエプロンと円い帽子とブリーチズという服装である。左手の男は丈の短いベストを着ており、もうひとりの男は、この時代にはより一般的になった裾布の付いたベストを着ている。
出典：イギリス、ウーリジの王立真鍮鋳物工場で描かれた水彩画（1772～1775）; Melvin Jackson and Charles De Beer, *Eighteenth Century Gunfoundery*（ワシントンD.C., 1974）．[著者画]

第3章　職人と都市労働者

図 95C　曲射砲に吊り手を取り付けている鋳物工
ボタンとループ付きの三角帽と丈の短いジャケットとエプロンという服装である。
出典：イギリス、ウーリジの王立真鍮鋳物工場で描かれた水彩画（1772〜1775）；Melvin Jackson and Charles De Beer, *Eighteenth Century Gunfoundery*（ワシントン D.C., 1974).［著者画］

図 95D　2種のスタイルの労働着
右手の二人の男はスモックとブリーチズを着用しており、左手の男はシャツとウェストコートとブリーチズとエプロンを身につけている。
出典：イギリス、ウーリジの王立真鍮鋳物工場で描かれた水彩画（1772〜1775）；Melvin Jackson and Chrles De Beer, *Eighteenth Century Gunfoundery*（ワシントン D.C., 1974).［著者画］

図95E 鋳型の穴を湿らせている鋳物工
鋳物工たちは熱を避けるために、靴の代わりに木製のサボ［sabots］をはいている。鋳造作業をおこなう時には熱から身体を保護するために厚手のレギンスと特別のスモックを着る。
出典：イギリス、ウーリジの王立真鍮鋳物工場で描かれた水彩画（1772〜1775）；Melvin Jackson and Charles De Beer, *Eighteenth Century Gunfoundery*（ワシントンD.C., 1974）．［著者画］

図95F 二人の鋳物工
二人ともウェストコートを着ている。一方は袖付きで、もう一方は袖なしである。また、一方の裾は丈が短く、もう一方の裾は長い。二人ともスカーフをしている。
出典：イギリス、ウーリジの王立真鍮鋳物工場で描かれた水彩画（1772〜1775）；Melvin Jackson and Charles De Beer, *Eighteenth Century Gunfoundery*（ワシントンD.C., 1974）．
［著者画］

第3章 職人と都市労働者

図96 フランスの鉄鋳物工
このフランス人の鋳物工の衣服は、サボを除いて、イギリスの鋳物工の衣服と違いがない。革製と思われる胸当て付きエプロンは、炉の強度の熱から身体を保護するためにつけている。
出典：Denis Diderot, *Diderot's Pictorial Encyclopedia of Trades and Industry*（ニュー・ヨーク，1959）．〔著者画〕

図97 ベルギーの炭坑夫（1770年代）
彼らの労働着は、円いフェルト帽と、丈の短い裾布の付いていないウェストコートと、袖付きあるいは袖なしのウェストコートと、ブリーチズと厚い靴下と靴から成っている。フック付きの革製の背負革は、彼らが炭坑の縦坑から石炭用の手押し車を引き上げるのを容易にした。
出典：Leonard DeFrance, *The Colliery*（ワロン美術館，リエージュ，ベルギー，1778）．〔著者画〕

図 98 ドイツの陶工（1774 年）
ろくろを裸足の足で回している。亜麻布製と思われる帽子を被り、ウェストコートとブリーチズと胸当て付きエプロンという服装である。
出典：Daniel Chodowieckis and J. B. Basedow, *Elementarwerk*（ベルリン，1774）．［著者画］

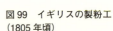

図 99 イギリスの製粉工（1805 年頃）
帽子と、丈の短い袖なしの裾布の付かないウェストコート、ブリーチズと靴下、丈の短いレギンスあるいはハーフ・ゲートル、ウェストで結んだ丈の短いエプロンという服装である。
出典：William Henry Pyne, *Microcosm*．［著者画］

第3章　職人と都市労働者

図100　イギリスの屠殺場の労働者（1808年）
帽子（ニットのようである）と袖なしのウェストコートと2枚のエプロンという服装である。毛羽のある方を表に向けた皮革製の上エプロンは胸当て付きで、胸に付いているウェストコートのボタンに留め付けられている。下エプロンは目の粗い亜麻布製、キャンバス製あるいは革製ではないかと思われる。脚には革製のレギンスを後ろで結えている。
出典：William Henry Pyne, *Microcosm*.［著者画］

**図101　アメリカの染色工
（18世紀末または19世紀初期）**
ボディ・シャツにエプロンをかけ、畝織りの靴下と靴の代わりにスリッパあるいはつっかけ式の靴という服装である。
出典：*American Heritage History of Colonial Antiques*（ニュー・ヨーク, 1967）.［著者画］

図 102　イギリスの仕立屋（1770 年代）
この流行の服装をした仕立屋は髪をカールして、髪粉をつけており、縞柄のスカーフをのど元で結んでいる。船乗りの帽子と同じく鍔が巻き上げられた円い帽子を持っている。彼のコートとウェストコートはシングルの打ち合わせである。採寸用のテープを首にかけ、鋏をウェストコートのポケットに入れている。靴は軽い、流行のバックル付きのパンプス［pumps］である。

出典：Copeland, *Everyday Dress of the American Revolution.*

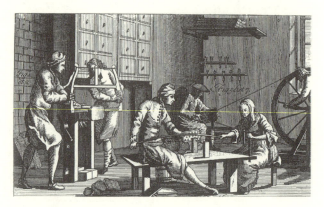

図 103　フランス人のボタン製造工（1760 年代）
この時代の典型的な労働者階級の服装をしている。
出典：J. Lodge による Diderot の図版の英語版での複製，著者所蔵，年代不明

第3章　職人と都市労働者

図104　イギリスの帽子屋（1750年）
彼の服装は帽子とシャツとブリーチズと靴下と靴という簡単なものである。手には帽子を作る枠をもっている。
出典：*Universal magazine* の版画（ロンドン，1750年4月）．［著者画］

図105　ドイツの梳毛工（1804年）
帽子、袖なしのウェストコート、シャツ、ブリーチズ、靴下、スリッパおよび胸当て付きエプロンという服装である。
出典：*Universal magazine* の版画（ロンドン，1750年4月）．［著者画］

図 106　植民地の理髪屋 (1775 年頃)
ボタンとループの付いた三角帽を被り、縦長のポケットが付いたシングルの打ち合わせのフロック・コートを着ている。胸当て付きの白い亜麻布製のエプロンはウェストコートにボタンで留め付けられ、ウェスト部分で結ばれている。ブリーチズと片側に縫い取り模様の付いた上等の絹の靴下をはいている。紳士用の髪とひげ剃り用の器と髪に髪粉をかける道具を運んでいる。床屋自身は短い断髪の髪に櫛をさして被っている。
出典：Copeland, *Everyday Dress of the American Revolution.*

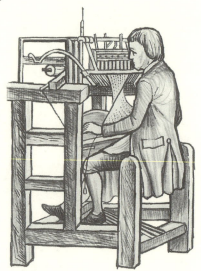

図 107　イギリスの靴下製造工 (1805 年頃)
シングルの打ち合わせのコートとエプロンとブリーチズと靴と靴下という服装である。
出典：*The Book of Trades* (ニュー・ヨーク, 1808), Vol. 3.〔著者画〕

第 3 章　職人と都市労働者

図 108　仕事中のロープ製造人（1755 年）
全員エプロンをかけ、丈の短いジャケットを着ている（一番右手の男性のジャケットには刺繍を施したボタンホールが付いている）。二人の男は円い帽子を被り、後方の労働者は、毛皮ではないかと思われる帽子を被っている。
出典：著者所蔵の作者不詳のドイツの版画 , 1775.

図 109　紡ぎ女 (1780 年代)
この糸を紡いでいる女は、この時代の主婦の典型的な服装をしている。
出典:「Der Bortenwurker」と題する年代不明の版画．ドイツ博物館所蔵．[著者画]

図 110　イギリスの婦人帽子屋 (1771年)
花をあしらった鍔が反り上った帽子を目深かに粋に被っている。髪は巻き毛に結い、装飾的なエプロンは丈が短い。保温のために暗い色のショールに身を包んでいる。
出典: J. Smith and Robert Sayer による「The Charming Milliner of …… St.」と題する版画（ロンドン，1771）．[著者画]

第3章 職人と都市労働者

〈原注〉
1) Clarence Ver Steeg, *The Formative Years, 1607-1763* (New York, 1964), p. 247.
2) Ibid., p. 187.
3) Courtesy of George Shumway, Liberty Cap Books, York, Pennsylvania.

第4章
商人と行商人

　植民地アメリカの小商人たちは、一般にヨーロッパの小商人たちよりも暮らし向きが良かった。だが、1760年代の不景気の間は例外で、多くの者たちが仕事にあぶれ、労働者階級のランクへと戻った。そうでない人たちも、農産物や用役の形で支払いを受けて、辛うじてやり繰りして暮らしていたのである。

宿屋の主人
　植民地の宿屋の主人は、当時のヨーロッパの宿屋の主人とは異なった社会的立場を占めていた。18世紀のアメリカを訪れた多くのフランス人が述べているように、アメリカの宿屋の主人はヨーロッパ人よりも高い社会階級に属しており、彼らの多くは、退役軍人またはそれと同じような高い地位の人びとであった[1]。アメリカ独立革命の少し後に、あるイギリス人の観光客がアメリカの宿屋の主人の高い地位について次のように回顧している。「アメリカの宿屋の主人は、我々が本国の宿屋の主人に対してしばしばとっていたような態度には耐えられないで

図111 ドイツの宿屋の主人（1777年）
ニットの帽子、丈の短いコート、またはジャケット［jacket］、丈の短い胸当て付きエプロン［apron］およびブリーチズ［breeches］という装いである。
出典：作者不詳の版画．ゲーテ博物館（デュッセルドルフ）．［著者画］

しょう。アメリカの宿屋の主人はある程度、自分たちは旅行者に依存しなくてもやっていけると思っているのです。彼らは皆、ほかにも仕事があるからです。また、彼らはあなたがたのためにせわしなく立ち働くこともないでしょう。だが、彼らは上品な言葉遣いをし、非常に礼儀正しく、あなたがたをできるかぎり親切にもてなしてくれることでしょう」。他のフランス人の観光客はアメリカの宿に大いに敬意を表して、こう記している。「あなたがたはアメリカの宿に行くと必ず、きちんとした、礼儀正しい、威厳あるもてなしを受けることでしょう。テーブルでは、身なりの良い可愛い娘、その感じの良い顔だちからは歳がわからない愛想の良い母親、そして我々の国の大方の宿屋の主人のように下劣でも卑しくもなく、平等の思想からくる立派な態度の男たちによって、給仕がおこなわれるのです[2]」。

宿屋の主人の衣服は、商人階級の衣服とほとんど変わりなかった。小さな商店の店主と同じように、彼もふだんはエプロン[apron]をかけていた。

第4章 商人と行商人

図112 イギリスの宿屋の主人（1790年）
身体にぴったりした亜麻布製のコートを着て、ウェストにエプロンを結んでいる。
出典：Bowles and Carver, *Catchpenny Prints* (1750～1775)．（ロンドン，1970）．［著者画］

煙突掃除夫

煙突掃除夫の体つきはその仕事の性格上、一般に小柄で痩せてはいたが、強靭であった。彼は普通、少年を助手としていたが、少女が彼の供をしたかどうかはわからない。子供の役割は煙突に登り、煤掻き棒とほうきで煤を払うことであった。そして、煙突掃除夫は煙突の底の煤を集めたのである。彼らの標準的な恰好は、ベルト付きのジャケット [jacket] とブリーチズ [breeches] と縁なし帽というものであった。これらはすべて常に黒ずみ、汚れ、擦り切れていた。

路上商人

食料品や家庭必需品を売る路上商人は、1700年代に東部海岸の都市のどこでも見られた光景であった。大きなマーケットは果物や魚や肉を提供したが、全人口の需要を満たすにはあまりにも少なすぎた。そのため、路上商人は植民地に欠かせぬもの

図113 アメリカの商店主（1770年代）
花形帽章の付いた帽子を3ヵ所で巻き上げ、シングルの打ち合わせのコートとウェストコート［waistcoat］と緑のベーズ・エプロン［baize apron］とニットのウーステッド［worsted］の靴下を身につけている。髪は両脇でカールさせ、後部で結んだ、典型的な中産階級のファッションである。
出典：Copeland, *Everyday Dress of the American Revolution*

となった。ある路上商人は何年間も同じ街角で商売をし、またある者は呼び声をあげながら通りから通りへと商品を売り歩いた。

彼らの仲間は牡蠣売り、生姜入りケーキを売る女、パイ売り、ホット・コーン売りの少女、ひき割りトウモロコシを売る者、蜂の巣売り、鶏や魚を売る者、チーズ売り、ピーナッツ売り、マフィンを売る少年、サツマイモ売り、煉瓦の屑売りたちであった。街路で呼び売りされた商品には、このほかに、花、オレンジ、ラベンダー、ボタン、団子、ローズマリーやスイートブライアー、古マントやコート、兎、ネズミとり、ほうき、靴があった[3]。

路上商人の中でも貧困の度合いが一番ひどかったのは、バラッドの歌手と歌詞売りであった。彼らは事実上の乞食であった。このグループの人びとは主に女性であり、その多くは盲人や障害者であった。彼らの職業は、あまりもうけのあるものではなかったが、彼らの売り物には本当の需要があった。バラッ

ドの片面刷り歌詞は植民地アメリカでは大変人気があったからである。18世紀のもっとも有名な二つの歌は、"Our Polly's a Sad Slut" と "Chevy Chase" であった。後者はルイスバーグ占領中のニュー・イングランド兵士の勇気を歓呼して迎える歌である。1750年には片面刷りバラッド歌詞はニュー・ヨークの路上で普通2ペンスで売られた。路上商人の衣服については、我々はヨーロッパの資料に頼らなければならない。ニコリーノ・カリョーが描いた数多くの興味深い水彩画はニュー・ヨーク市の商人の衣服を知るのに役立つ。しかし残念なことに、それらはすべて1840年以降のものである。

肉屋

18世紀の肉屋は独特の仕事着を着ていた。ナイフを入れる木製のケースとスチール製の研ぎ出し具がいつもベルトから下げられていた。彼はふだんは帽子を被り、白と赤の縞のウェストコートを着ていた。コートやシャツの袖を保護するために、手首から肘の上まで腕カバー［sleeves］でおおっていた。18世紀の末に肉屋は青いエプロンをかけるようになった。この装いは19世紀には、彼らの職業のシンボルとなるのである。

図114　スコットランドのエジンバラの二人のかごかき（1800年頃）
二人とも丈の長いシュルトゥー［surtout］を着ている。左手の担ぎ手はミディアム・グレーのコートに黒いフェルト［felt］帽を被り、ストック・タイを首に巻いて後部で金メッキのストック・バックルで留め、バックル付きの靴をはいている。右手の男は青いスコットランド・ボンネット［bonnet］を被り、顔を目のあたりまで覆ってボタン掛けできるケープの付いた茶色のシュルトゥーと、こげ茶色のブリーチズと靴下を着用している。
出典：John Kay, *The Social Pinch*（エジンバラ，1800年頃）；および Copeland, *Everyday Dress of the American Revolution*.

第 4 章　商人と行商人

図115　フランスのランタン売り（1740年代）
三角帽、大きなケープと立ち衿の付いたシュルトゥーあるいは大型外套、兵士のようにボタンと靴下留めで留められたレギンスを着用している。手と肩から下げた布製の雑嚢には錫製のランタンを携えている。
出典：Copeland, *Everyday Dress of the American Revolution*.

図116　煙突掃除夫と少年（1779年）
二人ともジャケットを着（男のジャケットはベルト締めされている）、払い落とした煤を集めてくるむ布を持ち歩いている。男は煤けたフェルト帽を被り、スカーフを頭にくくりつけ、毛布の切れ端でできたレギンスを巻き、膝の下と足首のところで結んでいる。少年は帽子を被り、靴というよりはスリッパ状の履物をはいている。男は煙突に届くような組み立て式のほうきを持ち運んでいる。
出典：Copeland, *Everyday Dress of the American Revolution*.

図117 イギリスの椅子修理人（1802年頃）
彼女は白いブラウスの上から水玉模様のスカーフをはおっている。ガウンは緑色で、靴はバックル付きである。背中には椅子のシートと背部を修繕するための一束の藺を背負っている。ウェストに結び付けた格子柄のエプロンの中に子供をだき抱えている。
出典：著者所蔵の「Chairs to Mend, Soho Square」と題する版画，Richard Phillips 発行，St. Paul's Church Yard（ロンドン，1804）.

第4章 商人と行商人

図118 アメリカのほうき売り（1776年）
小さな円い帽子、つぎが当てられたジャケット、ベスト、マットレス用のティッキング製のズボン、かかとの擦り切れた靴下、そして紐結びをした靴という服装である。背中には、木枠にヤナギの枝を編んで作った荷かごの中に、ほうきとブラシを入れてかついでいる。
出典：Copeland, *Everyday Dress of the American Revolution*.

図119 フランスのほうき売り（18世紀末）
彼はアメリカのほうき売りと同じような服装をしている。
出典：著者所蔵の作者不詳の版画．［著者画］

101

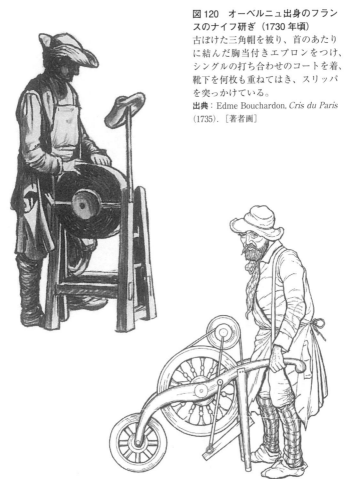

図 120　オーベルニュ出身のフランスのナイフ研ぎ（1730 年頃）
古ぼけた三角帽を被り、首のあたりに結んだ胸当付きエプロンをつけ、シングルの打ち合わせのコートを着、靴下を何枚も重ねてはき、スリッパを突っかけている。
出典：Edme Bouchardon, *Cris du Paris* (1735).［著者画］

図 121　アメリカのナイフ研ぎ（1770 年代）
使い古した円い帽子、首のまわりに結びつけられた格子柄のスカーフ、シングルの打ち合わせのコートの上に胸当て付きエプロンという服装である。レギンスは、マットレス用のティッキング製であり、インディアン・スタイルのモカシンをはいている。ナイフの研ぎ車は、脚の付いた木製の枠の上にのせられており、ハンドルには革紐が取り付けられ、彼の首のあたりにかけられている。
出典：Copeland, *Everyday Dress of the American Revolution.*

第4章　商人と行商人

図122　アメリカの水運び人（1770年代）
古びた三角帽を頭にショールで縛り付けて被り、流行遅れのスタイルのコートと水玉模様のウェストコートと革製のブリーチズを着用している。運搬用の枠は、肩から肩へ渡してバケツの柄に結びつけられた紐で支えられている。
出典：Copeland, *Everyday Dress of the American Revolution.*

図123　パリの水運び人（1750年）
三角帽、シングルの打ち合わせのコート、ダブルの打ち合わせのウェストコート、という装いである。彼の運搬用の枠は図122と同じ方法で支えられている。
出典：*Ten Thousand Years of Daily Life.*　［著者画］

図124 イギリスの家畜去勢人（18世紀初期）
リボンの花形帽章［cockade］の付いた円い帽子とシングルの打ち合わせのコートとエプロンと靴と靴下という服装である。
出典：著者所蔵のI. Andersonによる年代不明の版画（ロンドン）．［著者画］

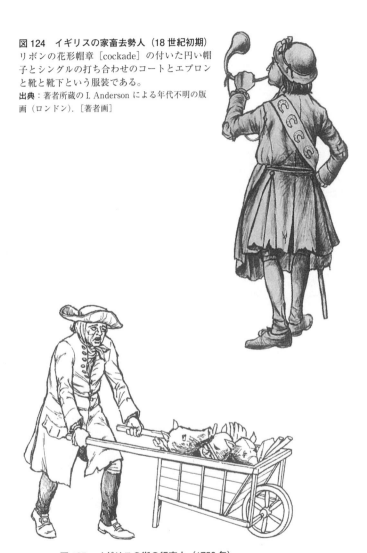

図125 イギリスの街の行商人（1750年）
彼の服装は、街のその他の労働者階級の衣服と区別できない。
出典：George Paston, *Social Caricature in the 18th Century*（ロンドン，1905）．［著者画］

第4章　商人と行商人

図126　牡蠣売り（1790年代）
小さな使い古した円い帽子、ジャケット、エプロン、膝の部分でバックルではなく紐で結んだブリーチズ、そして、紐結びした靴という服装である。
出典：作者不詳の版画．大英博物館．[著者画]

図127　市場の行商人（パリ、1780年代）
行商人は亜麻布製のモブ・キャップと縞柄のガウンを着て、客と同じような服装をしている。彼女は、古いコートを着てベルトを締め、その上にスカーフあるいはショールをかけ、首のあたりで結んでいる。
出典：*Ten Thousand Years of Daily Life.* [著者画]

図128 エジンバラ出身の老女（1798年）
ニットと思われる頭巾、丈の短いジャケット、くるぶしに届くガウン、何足かの靴下、紐結びした靴という服装で、ヘッド・バンドで荷物を支えている。
出典：著者所蔵の John Kay による版画（エジンバラ，1799）．

第 4 章　商人と行商人

図 129　イチゴ売り（ニューヨーク市、1800 年）
売子は婦人の典型的な労働着を着ている。
出典：*Cries of New York*（ニュー・ヨーク，1800）．［著者画］

図 130　フランスのメロン売り（1740 年頃）
三角帽、ジャケット、ジャケットのボタンホールのひとつを通して、前の部分で留め付けられた丈の短い胸当て付きエプロン、ミリタリー・スタイルにボタンと靴下留めで留めたレギンスという装いである。
出典：著者所蔵の作者不詳の版画；*Cris du Paris* の多数の版のうちのひとつであると思われる．

図131 イギリスのミルク売り（1737年）
幅の広い白いエプロンを（手にたくしあげて）かけ、花を麦わら帽のまわりにあしらっている。18世紀のロンドンでは、ミルク売りの女はこの帽子でそれと分かった。靴は、紐ではなく、リボンで締められている。
出典：William Hogarth の「Distrest Poet」(1737)，[著者画]

図132 フランスのミルク売り（1755年頃）
帽子を被らず、また、上品にスカーフをあしらったりせずに、シンプルなガウンを着ている。彼女もやはり、エプロンをかけている。
出典：著者所蔵の作者不詳の版画.

第 4 章　商人と行商人

図 133　黒人のバターミルク売り（ニューヨーク市、1805〜1808 年）
フェルト製または麦わら製と思われる円い帽子と、ベストとシャツと縞柄のズボンという服装である。
出典：*Cries of New York*（ニュー・ヨーク，1800）．［著者画］

図 134　パリの飲み物売り（1730 年頃）
布製の帽子を被り、ウェストより上はダブルの打ち合わせに、ウエストより下はシングルの打ち合わせに裁断した、この時代の兵隊が着用していたコートにどことなく似かよったコートを着て、エプロン、ブリーチズ、靴、靴下、という服装をしている。そして、飲み物を入れた容器をリュックサック風に背負っている。
出典：Bouchardon, *Cris du Paris*．［著者画］

図 135　植民地の街の運搬人（1775 年頃）
鍔を巻き上げた帽子、シングルの打ち合わせのコート、ベスト、ブリーチズ、レギンスという服装をし、毛布の切れ端で作った「カントリー・ブーツ［country boots］を脚に巻き、膝下とくるぶしのところで結んでいる。背中には運搬用の枠をかつぎ、この枠に荷物をのせて、街中を運んでまわるのである。
出典：Copeland, *Everyday Dress of the American Revolution*.

図 136　イタリアの手回しオルガン弾き（1720 年代）
シングルの打ち合わせのコート、ぼろぼろに擦り切れたブリーチズ、またはズボン、そして靴を着用し、肩コート——おそらく、古い毛布以外の何ものでもないと思われる——をかけている。
出典：Filippo Bonanni, *Cabinetto Armonico*（ローマ，1723）．［著者画］

第4章　商人と行商人

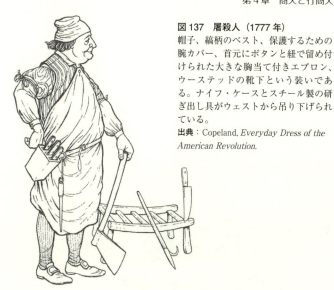

図137　屠殺人（1777年）
帽子、縞柄のベスト、保護するための腕カバー、首元にボタンと紐で留め付けられた大きな胸当て付きエプロン、ウーステッドの靴下という装いである。ナイフ・ケースとスチール製の研ぎ出し具がウェストから吊り下げられている。
出典：Copeland, *Everyday Dress of the American Revolution*.

図138　ドイツの屠殺人と主婦（1770年）
ボタンとループで鍔を巻き上げた帽子、ジャケット、エプロン、ネック・クロスという服装である。例によって、ウェストベルトには道具が吊り下げられている。
出典：Chodowieckis, *Künstlerfahrt nach Danzig*.
［著者画］

111

図 139　イギリスのバラッドの歌詞売り（1810年頃）

バラッドの歌詞売りは、リボンを飾った男もののフェルト帽とフード付きの外套とエプロンという服装で、バックル付きの靴を片方だけはいている。右足にははき古した靴下をはいている。

出典：John Ashton, *Modern Street Ballads*（ロンドン，1888）．

〈原注〉
1) Charles Sherrill, *French Memories of 18th Century America* (New York, 1915).
2) Alice Morse Earle, *Stage-Coach and Tavern Days* (New York, 1969).
3) Esther Singleton, *Social New York Under the Georges, 1714-1776* (New York, 1902).

第5章
フロンティア開拓者

　19世紀には西部征服がその頂点に達する内陸部に向かっての偉大な前進は、18世紀に始まった。まず最初に西へ進出したのは、東海岸の猟師や毛皮商人や罠猟師であった。次に牧畜業者と農民がやってきた。彼らの大半はヨーロッパからの新参の移民者たちであり、牛や羊の放牧のための土地を囲い込み、種を蒔くために開墾し、ついには新しい町を創設した。18世紀のほとんど全時期を通じて、開拓者たちの目的地はアパラチア山脈までの範囲に限られていた。彼らが豊かなミシシッピ河岸地帯に向かって動き始めたのは、1783年の条約のあとのことであった[1]。

　フロンティア開拓者にとっての生活は、海岸地帯の農場や街で既に比較的落ち着いた植民地生活を送っていた人びととの生活と比べると、より荒々しくて、はるかに粗野なものであった。この新たに発見された荒野を最終的に制するのに決定的だったのは、彼らの職人的能力と道具、特に斧と長い銃であった。彼らは、インディアンの森林地帯での技術に関する知識がなけれ

図140 典型的なフロンティアマン(1780年代)
アライグマの毛皮の帽子を被り、房飾り付きの狩猟用のシャツを着ている。また、レギンス[leggings]とインディアンのモカシンをはき、革製のベルトに狩猟用ナイフをはめて、長い銃を携行している。
出典：著者が各種の資料をもとに描いたもの.

ば、フロンティアでの生活にうまく適応することはできなかったであろう。フロンティアマンが初めてカヌーを知ったのはインディアンを通じてであった。のちになって彼らはこのカヌーで河を航行して、新しい土地へ到達したのである。彼らはインディアンから荒野で生き残るためのあらゆる基礎、すなわち退避小屋の建て方や食べ物の調理法や衣服の作り方を学んだのであった[2]。

フロンティアの衣服

より「文明化された」東部の衣服は、フロンティアではまったく役に立たなかった。西部で用いられた衣服は、フロンティアマンが遭遇した諸条件の中から生まれたのである。それゆえ、これらの衣服は最初のアメリカ独特の衣服であると言われている[3]。初め、衣服は野生の動物の皮から作られていた。そして、ここでもまた、インディアンはなくてはならない存在であった。新参の植民者たちは、インディアンから原皮の処理法やなめし

第5章 フロンティア開拓者

図141 開拓者の妻(1780年頃)
円いフェルト[felt]帽を被り、スカーフを結んでショールを肩からかけ、目の粗い亜麻布製のエプロン[apron]をかけて、羊毛製の靴下にインディアンのモカシンをはいている。
出典:著者が各種の資料をもとに描いたもの.

方、狩猟用スモック[smock]やレギンス[leggings]やモカシン(moccasins)の作り方を学んだのである。その後、永住の地を求める集団がやってきて、紡ぎ車や織機をもたらした時、亜麻布やホームスパンが動物の皮にとって代わった[4]。

18世紀の中葉の猟師や交易商人や罠猟師の基本的な服装は、狩猟用のシャツ[hunting shirt]とレギンス、縁なし帽[cap]にモカシンというものであった。彼らの狩猟用のシャツであるスモック(ワームス wamus とも)は、コートというよりは、むしろゆったりしたチュニックに似ていた。それらはちょうど膝上までの丈に裁断され、ぴったりした袖とケープが付いており、胸部は開いていた。それらは一般に目の粗い亜麻布(なめし革はごく稀であった)で作られていたが、時にはホームスパン(homespun)やリンジー・ウールジー(Linsey-woolsey)が用いられた。裾と前身頃とケープと袖には、通常、房が付いていた[5]。冬期には彼らは狩猟用のシャツの下に、何枚もボディ・シャツを着て、インディアン風にブランケットまたはハドソン

ズ・ベイ社のブランケット・コート（blanket coat）（またはカポート capote）で身を包んだ。

　房の付いたレギンスはくるぶしから大腿部の上部まであり、革紐で革製のウェスト・ベルトに留めてあった。それらはなめし革製か時には毛皮製であった。またウェスト・ベルトはインディアン風のシンプルな腰布も留めていた。この腰布は脚の間をくぐらせて引っ張り上げ、ベルトの裏にたくし込むことができた。脇にはインディアン風のビーズ飾りの付いた房付きの銃弾入れを下げていることが多かった。右手のあたりには角製の火薬入れを、革紐か、おそらくは、ぴかぴか光るビーズの付いたインディアン風のベルトから下げていた。そして、ベルトの左側には長い狩猟用のナイフをインディアン風に房とビーズで飾ったケースに入れて携えていた。右側には斧を携えていた。銃弾入れはインディアン流にウォンパム（貝殻玉 wampum）のビーズで飾られていたであろう。

　彼らの被り物は、時にはただ頭の回りに巻いたスカーフであるにすぎないこともあった。しかし、より一般的な習慣としては、アライグマやリスやキツネやクマの毛皮製で、冬期にはフラップを付けた毛皮の帽子、あるいは、ガラガラヘビの皮製と思われる、装飾的なバンドの付いた縁付きの円いフェルト［felt］帽を被っていた。

　フロンティアの衣服に関するすばらしい描写が、1773年9月25日にノース・カロライナのヤドキン川の河岸から西へ向かって旅をしたブーン探検隊に関する著者不明の報告の中に見える。

　　縦隊の先頭には森の猟師たちが立って行進した。彼らはいうまでもなくライフル銃を携行していた。なかには歩いている者もいたが、彼らの多く、おそらく、大半の人たちは馬に乗っていたものと思われる。馬はゆっくりと進ん

第 5 章 フロンティア開拓者

図 142　猟師と犬（1810 年）
この猟師は円いフェルト帽を被り、着古したフロック・コートを着て、革製のブリーチズ[breeches] をはき、布製のゲートルを靴にかぶさるようにはいている。
出典：Joshua Shaw によるスケッチ（1810 年頃）；Dunbar, *History of Travel in America*, Vol. 1.［著者画］

だ。彼らはゆったりとした狩猟用のシャツを着、飾りの施された鹿革製のズボンをはき、未開の森林地ファッションとして広く好まれていた、色付きの房で装飾されたゲイレイ（gayley）をかけていた。足にモカシンをはき、頭には革製やリンジー・ウールジー製のさまざまな風変わりな帽子を被っていた。どの帽子もその持ち主の好みの形に作られていた。どの男も革製のベルトを締め、ベルトの右側には手斧として、あるいはもっと激しい目的に用いられる斧を下げていた。左側には狩猟用のナイフと火薬がいっぱい入った角製の火薬入れと、自家製の豆の入った革袋と、1〜2 クォートの炒りトウモロコシを入れたもう一つの大きな革袋を携行していた。

　1817 年にはケンタッキーはもはや 44 年前に見られたような辺境の荒野ではなくなっていた。それは次の叙述にも示されている。「人びとの衣服は簡素で、男は自家製のコートや狩猟用

図143　馬のひく手押し車（1810年）
少年は円い「鍔を上反りにした粋な帽子」を被り、丈の短いジャケット［jacket］と亜麻布製のシャツを着て、革製のブリーチズをはいている。
出典：Joshua Shaw によるスケッチ（1810年頃）; Dunbar, *History of Travel in America*, Vol. 1.［著者画］

のシャツ、ズボンを着用しており、首にスカーフを巻くことはめったにない。男たちはライフル銃を携え、犬を連れて森を歩き回ることが好きだ」。

　フロンティアの女たちはファスチアン［fustian］やリンジー・ウールジーや革製の上衣を着ていた。彼女たちは目の粗い亜麻布や綿製のシュミーズ［chemise］を上衣の下に着た。彼女たちの衣服にはゆったりしたスカートがあった。だが、より植民が進んだ地域の農村の女たちが着けていたスカートほどにはゆったりしたものでもなく、それほど長くもなかった[6]。彼女たちが帽子を被る時には、ふつう男ものの円いフェルト帽であった。だが、彼女たちはスカーフやニットのショールを被ることが多かった。冬期には彼女たちは戸外に出る時にはいつもインディアン風にブランケットに身を包んでいた。履きものについて見ると、夏の大半は素足であり、冬期にはインディアンのモカシンをはいていた。目の粗い亜麻布のエプロン、そして冬期にはウール製の靴下。これで彼女たちの服装は完璧とな

る。

　カナダのフロンティアマン（大半がフランス人）と移住者たちの衣服は、南部の人たちの衣服とはいくらか異なっていた。一つにはカナダ人の衣服はずっとカラフルであった。もう一つの相違点である衣服がより厚手であったことは、この地域の冬が厳しいことからくる当然の帰結であった。カナダ人の冬服の様子がよくわかる記述を、1776年11月にバティスカンに配属されたドイツ人将校が残している。

> カナダ人は野生動物の皮で自分の靴や、特別仕上げのなめし革をも作った。靴には踵も靴紐も付いておらず、新しいうちは決して見ばえは悪くない。我々のブーツや靴では足が凍ってしまうと誰もが言うので、我々もこの冬はこれを試してみようと思う。彼らは厚手のニットの茶色の靴下をはき、赤いウールのバンドで、膝下でしっかりと留めている。彼らのブリーチズは粗悪な布製または自家仕上げをした水牛のなめし革製である。体にまとって折り重ねなしで結ばれたアンダー・シャツは、我が国の多くの農民たちも作っているのと同じような、ホームスパンの混じった羊毛地でできている。彼らは長い房のついた自家製の厚手ウールのスカーフを、腰の部分に飾っている。これらのスカーフには、それぞれの好みに適うあらゆる色彩が使われている。コートの背には同じ素材のカプチン［capuchin］・ケープが付いており、嵐や雨天の時には、皆が頭に被る。彼らはめったに縁付きの帽子を被らない。ほとんど全ての人たちが、外側が赤く、内側が白い厚手のたっぷりした縁なし帽を被っている。おしゃれなカナダ人であれば、胸に青や赤のリボンや、同じリボン製のいくつかの薔薇をつけた白っぽいベージュのジャケット［jacket］を着ている。布

図144 開拓地の樵 (1810年)
ここに見られるアメリカ人の樵たちは、目の粗い亜麻布製のシャツに革製のブリーチズをはいたり、シャツを着ないでウェストコート [waistcoat] を着たりしている。これは1785年から1815年のスタイルである。
出典：Joshua Shaw によるスケッチ (1810年頃) ; Dunbar, *History of Travel in America*, Vol. 1. p.282.
［著者画］

　の耳はコートの裾に沿って、そのまま残っている。この衣服はこの国に共通のもので、とても着心地が良く、暖かい[7]。

　彼らがはいていたレギンスは、インディアンのものと類似したもの、あるいは「何枚もの布を脚の周りに折り重ね、膝と足首の部分を結んだ[8]」カントリー・ブーツ [countryboots] のようなものであったと思われる。残念ながら、18世紀のアメリカのフロンティアにおける生活を描いた当時の絵はきわめて稀である。19世紀中葉および末期に描かれた多くの絵画やデッサンには、風変わりな立派な服装をした初期開拓民が描かれているが、これは彼らの実際の姿をいささかも表わすものではないということを強調しておくことは重要であろう。

第5章　フロンティア開拓者

図 145　平底船上の旅行者（1810 年）
この川船に乗った田舎の旅行者は、農夫の円い帽子を被り、亜麻布製のスモックを着ている。ネッカチーフを首に結びつけ、ブリーチズは革製である。足にはインディアンのモカシンをはいている。
出典：Joshua Shaw によるスケッチ（1810）年頃；Dunbar, *History of Travel in America*, Vol. 1. p.282.［著者画］

図 146　かんじきをはいたカナダ人（1753 年）
このフランス系カナダ人の罠猟師は、円いフェルト帽を被り、シングルの打ち合わせのコートを着て、ブリーチズをはき、インディアンから採り入れたかんじき［snow shoes］をはいている。斧と、真鍮の鎖で装飾された二つのポーチをウェストベルトから下げている。この鎖は 17 世紀の一般的な装飾である。
出典：*Histoire de l'Amerique Septentrionale*（パリ，1722）．［著者画］

図147 カナダ人の農夫（1778年）
明るい青のリボンや紐で装飾された頭巾付きのカポート［capote］を着て、襟元に赤いストック［stock］を巻いている。ウエストには、青と赤と黄と白の縞柄のサッシュをまわしている。水牛革製のブリーチズと茶と白の縞柄のレギンスは、膝下でゲートルでしっかり縛ってある。
出典: Albert Haarman and Donald Holst,「The Friedrich von Germann Drawings of Troops in the American Revolution」.*Military Collector and Historian*（1964, 春）.［著者画］

〈原注〉
1) Warwick, Pitz, and Wyckoff, *Early American Dress*, p.271.
2) Ibid., p. 265.
3) Ibid., p. 271.
4) Ibid., p. 267.
5) Ibid., p. 268.
6) Ibid., p. 270.
7) John Palmer, *Journal of Travels in the United States of America and in Lower Canada Performed in the Year of 1817* (London: Sherwood, Neely, and Jones, 1818).
8) Thomas Anbury, *Travels Through the Interior Parts of America* (London, 1791).

第6章
輸送労働者

　1763年にはメイン州からジョージア州にいたる東海岸全体が道路網で結ばれていた。これらの道路網はきわめて原始的なものであったが、17世紀の歩行者用の小道や踏み跡にできた道と比べると明らかに改良されていた。以前よりも良くなった道路の幅は一般に8フィート（2.4メートル）あり、時には道路の片側に雨水を流し出すための小さな溝が掘られた。しかしながら、大半の道路は苦難に満ちた旅の原因となった。そのような道路は「かなりひどいもので、騎馬郵便配達人や一般旅行者が大幅に遅れた。倒木が道をふさぎ、これが取り除かれることは滅多になかった——道の多くは湿地で、穴だらけで、多くの橋はほとんど渡れないといった状態であった[1]」。輸送機関を発展させようと、あらゆる植民地が道路法を通過させた。そのいくつかは早くも17世紀に成立した。だが、そのような努力も、この法律を実施するのが困難だったために、ほとんど役に立たなかった。

　ゆとりのある人にとっては駅馬車はもっとも一般的な旅行

図148 典型的な御者（1780年代）
大型のコートの下に、丈の長いシングルの打ち合わせの身体にぴったりしたコートと裾布のない縞柄のウェストコート［waistcoat］を着ている。鍔が巻き上げられた帽子を手に持ち、ブーツ［boots］をはいている。
出典：Copeland, *Everyday Dress of the American Revolution*.

手段であった（公共の駅馬車は19世紀初頭まで導入されなかった）。この駅馬車は、いくつもの宿駅を経由しながらある都市から別の都市へと、途中で何度も車を取り替えながら走った。1760年代には乗客は20シリングでニュー・ヨーク市からフィラデルフィアまで5日間で往復することができた。「Flying Machine」と呼ばれた一番速い駅馬車はもっと高かった。この駅馬車はベンチを3つ備えた9人乗りであった。前のベンチには御者と並んで10人目の乗客が座った。馬車の天井からは3枚のカーテンが垂れ下がっており、どのカーテンも天候によって巻き上げたり、巻き下ろしたりすることができた。荷物を置く場所はどこにもなかったので、乗客は自分の荷物を足の下か膝の上にできるだけしっかり押さえていなければならなかった。ベンチには背もたれがなかったので、作りの悪い道やデコボコの道の長旅は実に疲れるものだった。

都市の裕福な人びとは自家用の馬車を所有し、仕着せを着せた御者と馬丁を抱えていた。南部の入植農場主たちは六頭立て

の馬車に奴隷を従えていた。1776年には、これらの馬車の使用は、すべての植民地の裕福な人びとの間に普及していた。この時期にはフィラデルフィアでは既に市民たちの間でも、84台の自家用馬車が所有されていた[2]。

　植民者たちが東海岸の植民地から、西部や南部へ向かって移動するにつれて、内陸交易が次第におこなわれるようになった。あのアメリカ独特の乗り物であるコネストーガ・ワゴン（Conestoga wagon）は、イギリスのカントリー・ワゴンとオランダの大きなワゴンに着想を得たもので、18世紀初期にペンシルベニアのコネストーガ川沿いで発展した。1765年までにランカスター地方のワゴンメーカーは、これらのワゴンを2万台生産した。コネストーガ・ワゴンの重量とこのワゴンを引く巨大な馬は外国人観光客の目を見張らせた。

　1770年には1年間に3,000台のワゴンが300マイル（480キロ）も離れた内陸から、煙草や花や亜麻の種子やその他の大きな積荷をサウス・カロライナのチャールストンに運んできたと試算されている[3]。アメリカ植民地全体の中でもっとも重要でもっとも難儀な道は、フィラデルフィア・ワゴン・ロードであり、この道はフィラデルフィアから西へ、ペンシルベニアのランカスター、バージニア渓谷を経て、ノース・カロライナのピードモント高原地帯へと通じていた。これは南部へ移動するスコットランド系アイルランド人やドイツ人移民たちがたどったルートであった。

　植民地アメリカの粗野ではあるがすぐに役立つ荷馬車御者たちは、彼らの手入れの行き届いた馬を非常に誇りとし、安楽な生活を軽蔑し、その大方は大量のモノンゴヒーラ・ウィスキーをあおっていた。この御者たちの多くは、夏は農場で働き、冬は馬車を御したのである。このような人びとは民兵御者として知られていた。19世紀中葉に書かれた次の詩は、昔の御者たち

図149 アメリカの荷馬車御者（1770年代）
彼の円いフェルト[felt]帽は、この時代の兵隊を真似て、リボンがクラウンのまわりに巻きつけられて、左側が花形帽章になっている。彼は荷馬車御者のフロックと、やはり多くの兵士によって着用されたライフル銃兵用のシャツ[rifle shirt]や狩猟用のシャツ[hunting shirt]によく似た、丈長のスモック[smock]風のシャツを着ている。脚には「カントリー・ブーツ」[country boots]をはいている。
出典：Copeland, *Everyday Dress of the American Revolution*.

の方が民兵御者たちよりも優れていたことを物語っている。

「正規御者」は高慢だった。なにせ彼らは5つ6つの時からずっと、幅広の車輪とイギリス製ベッドの付いた馬車を御してきたのだから。彼らは誇りを持ち気位が高く、自分たちの方が、たまに馬車を御すだけの粗野で無骨な民兵御者連中よりも勝っていると常々思っていた[4]。

衣服

公共の御者は堂々とした装いをしていた。彼は一般に「ラップ・ラスカル」（wrap-rascal）と称されたケープ付きのぴったりとした、膝丈の大型のコートを着、ジャックブーツ（jackboots 膝上までの頑丈なブーツ）をはき、時には金糸の紐の付いた帽子を被っていた（ラップラスカル wrap-rascal という言葉は、この大型コートが追い剥ぎが着ていたコートのスタイルをそっくり真似たものであるという事実に由来しているようである[5]）。冬

第6章 輸送労働者

図150 追い剥ぎに襲われたイギリスの荷馬車御者(1750年)
荷馬車御者はフロックと円い帽子とブーツを着用している。
出典：J. Atkins による「John Cottington alias Mol-Sack, Robbing the Oxford Wagon」と題する著者所蔵の版画(ロンドン,1750).

には毛皮の帽子と手袋(gloves)と緋色のサッシュを身につけた[6]。厩で馬の世話をする時には、農民や荷馬車の御者が着るような丈の長い目の粗い亜麻布製のスモックをはおった。これらの御者たちは、ちょっとやそっとではない横柄さを身につけていた。彼らは、よくブランデーを飲んでは酔っている連中よりも高いところに座っていたので、少年たちの羨望の的であった[7]。

初期のアメリカの駅馬車の御者は、羊皮のブーツや毛皮の裏付きのオーバーシューズをはき、毛皮の大型コートの下に、ホームスパン(homespun)の服を着ていると記されている。彼は毛皮の縁なし帽を被り、房の付いた赤いサッシュを腰に巻いていた。植民地の駅馬車には、護衛が乗っていなかったので、

129

図151 アメリカ植民地軍の荷馬車隊の二人の御者（1779年）
一人は茶色のコートと緑のジャケット[jacket]、鹿皮製のブリーチズ[breeches]と白い紡ぎ糸製の靴下とフェルト帽という服装である。もうひとりは南京綿製のコートと茶色のジャケットと緑のブリーチズと畝織りの青い靴下と古い靴と白いボタンのついたビーバーの毛皮製の帽子という服装である。
出典：*Pennsylvania Packet* 紙（1779年3月20日）．［著者画］

彼は御車台の中にらっぱ銃をも携えていた[8]。植民地の荷馬車の御者たちは、赤で縁取りされた大きなケープの付いた丈の長いウールの狩猟用シャツ[hunting shirt]を着ていた[9]。

　裕福な家族に雇われた左馬御者（postillions——四輪馬車や駅伝馬車につながれた馬のうちの左側の馬に乗った従僕）は家内の召使と同様に、制服を着ていた（左馬御者についての詳しい説明は第10章参照）。トビアス・スモレット（Tobias Smollett, 1721～1771）は、暮らし向きのよいイギリス人家庭の左馬御者の衣裳を次のように描写している。彼は「あか抜けた人物で、金糸の飾り紐の付いた鍔の狭い帽子や、ボブ・ウィグ（鬘）（bob wig）を被り、きちんとした青のジャケットを着、なめし革のブリーチズをはき、こざっぱりした亜麻布のシャツをウェストバンドの上にたぶらせていた[10]」。それほどでもない人並の資産家の従僕たちはもっと地味な服装をしていた。

第 6 章　輸送労働者

図 152　ドイツの左馬御者（1790 年代）
円い黒い帽子と薄い水牛革製のジャケットと革製のブリーチズと左馬御者用の重いブーツと拍車という恰好をしている。彼は鞭をもち、肩からかけた紐に渦巻形の郵便配達用の角笛を下げている。
出典：Thomas Rowlandson の「Posting in Germany」(1790 年代)．［著者画］

図 153　水運搬馬車の御者（ニュー・ヨーク市、1805 年頃）
小さな円い帽子、ボディ・シャツ、未晒しの目の粗い亜麻布製のスモック、革のブリーチズ、糸製の靴下、バックル付きの靴という服装である。
出典：Walter Chappel により厚紙に描かれた年代不明の水彩画．Edward C. Arnold コレクション．メトロポリタン美術館（ニュー・ヨーク）．［著者画］

〈原注〉

1) Oscar T. Barck and Hugh T. Lefler, *Colonial America* (New York, 1958).
2) Ibid.
3) Bridenbaugh, *Cities in Revolt*.
4) "Waggoning," by H. L. Fisher (New York, 1929).
5) Warwick, Pitz, and Wyckoff, *Early American Dress*, p. 159.
6) Earle, *Two Centuries of Costume in America*. pp. 622-623.
7) Cunnington, Lucas, and Mansfield, *Occupational Costume in England*; Rosamond Bayne-Powell, *Travelers in 18th Centry England* (London, 1951).
8) Earle, *State-Coach and Tavern Days*, pp. 323-325.
9) George Shumway, *Conestoga Wagon, 1750-1850* (York, Pennsylvania, 1966).
10) Tobias Smollett, *Humphry Clinker* (London, 1771).

第7章
公僕

　アメリカ独立革命開始期までには植民地の大半の都市で、消防、警察、街の清掃、公衆衛生、街の照明に関する何らかの条例が定められていた。一般的に見て、植民者たちは、公益事業についての問題は、ヨーロッパ人よりもうまく解決した。しかしながら、これらの優れた努力にもかかわらず、火事と公共安全の面では、18世紀を通じて以前と同じ問題を抱えていた。
　ボストンは手動消防ポンプと消火用のバケツを備えた正規の消防署が設立されたアメリカ最初の都市であった。1717年にボストン消防協会が設立され、1743年にはボストンでは8つの消防隊が機能していた。フィラデルフィアでは1736年に消防隊連合が組織された[1]。
　アメリカの若干の都市では、1750年までに大通りや路地や裏通りの清掃をする「道路清掃人等の職員」を雇用していた。道路清掃人は街路に投げ捨てられた「灰や屑や台所のごみや汚物」を処理した[2]。1775年、ニュー・ヨーク市のウィリアム・リビングストン（William Livingston）は腐敗物のたまった下水

図154 イギリスの消防士（1785〜1790年）
ヘルメット、丈の短い労働者のジャケット [jacket]、ブリーチズ [breeches]、この時代に漁師が着用していたものと類似した重い革のブーツ [boots] という服装をしている。彼のヘルメットは1750年代に開拓民とイギリスの軍隊の技術兵によって規定され、着用されていたものと類似している。
出典：*The Watercolor Drawings of Thomas Rowlandson* の水彩画. Wiggen コレクション, ボストン公共図書館(ニュー・ヨーク, 1947).［著者画］

溝から漂ってくる腐敗臭が生み出す不快な影響に言及し、ロッテン・ローと彼は、この開けっぱなしの下水溝を埋めるよう要求した[3]。ニュー・ヨーク市は早くも1744年に全住民に、自分たちの家の前とどぶのごみを清掃することを要求する道路清掃法を可決した。1750年、フィラデルフィアの市長トーマス・ローレンス（Thomas Laurence）はどぶに汚物やごみを山と積み上げている市民たちを非難した。このごみの山は「堪えがたい悪臭を発しており、これでは病気が発生することまちがいなし」という状態であった[4]。それでもアメリカの都市はヨーロッパの都市よりもずっと清潔であった。

　公衆衛生職員としては、このほかに糞尿運搬人がいた。彼らは、植民地とヨーロッパのいずれにもいた。糞尿運搬人たちは朝のわずかな時間に室内便器の内容物を集めて回り、これを糞尿運搬用馬車にあけた。

　18世紀の都市には、今日のような組織化された警察力は見られず、中世の時代にまでさかのぼる夜間保安制度、すなわち、

第7章　公僕

図155　イギリスの消防士「British Crown Fire Office」（1735年）
シングルの打ち合わせのジャケット、ブリーチズ、そしてヘルメット（革製らしい）という恰好をしている。1750年以降の消防士の衣服について記したある文章には、ウェストまでボタンの付いたコートと、シングルの打ち合わせのウェストコート[waistcoat]と、ブリーチズと、前立付きで、広い鍔とネック・フラップが背中に付いている革製のヘルメット、大きなバックル付きの革製の靴、コートの腕に付けた記章が記載されている。
出典: Cunnington, Lucas, and Mansfield, *Occupational Costume in England*. ［著者画］

「夜警」がおこなわれていた。植民地の夜警には広範にわたる義務が課せられていた。馬泥棒や夜盗や敵対インディアン（フロンティアの町の場合）や逃亡奴隷を見張ることが彼らに期待されていた。彼らの装備は一般に、重い棍棒とランタンであった。さらに警備員たちのなかにはマスケット銃や矛で武装している者もいた。イギリスでは、夜警たちはいわゆる「がらがら」を携行していた。これは、激しく回すと機関銃のような鋭い音を発する木製の装置で、危急の際に助けを呼んだり警報を発するために使われた。

　夜警は、1時間ごとに時刻やその時々の天気を大声で告げながら植民地アメリカの町中を、うんざりするほど巡回した。長い棍棒を持ち、頭部が円錐形になったランタンを下げたその姿は、決して威嚇的だとは言えなかった。ペンシルベニアのナザレやベツレヘムの町の夜警は敬虔な礼拝文を大声で叫んだことだろう[5]。

　18世紀末のフランス人旅行者モロー・ドゥ・サン・メリー

（Moreau de St.Mery）は、凍るように寒い朝のまだ早い時間に暖かいベッドに気持ちよく横たわりながら、外は雪だと告げる夜警の呼び声を聞く喜びについて書いている[6]。

夜警のもう一つの仕事は、店や家のドアがすべてロックされているかどうかを見て回り、戸締りがしっかりなされていない時には、その持ち主に注意することであった。1770年には、フィラデルフィアには有給で雇われた夜警がいた。彼は「一晩中うろつき回っている連中、犯罪者、ごろつき、放浪者、風紀を乱す連中」といった、平和を乱していると見られる人びとを逮捕するよう命令を受けていた。1740年代にフィラデルフィアが夜警のために支払った費用は年間500ポンドであった[7]。

1773年のニュー・ヨーク市の夜警は「番小屋」と制服を支給された。夜警の2人の隊長にはクマ皮［bearskin］の縁なし帽［cap］も支給された。大都市の夜警は治安官によって監督された。治安官の仕事は容易なものではなかった。フィラデルフィアのある治安官は、1760年代のある日の夕方、売春宿の近くであった争いを止めようとして不幸に見舞われた。彼は数人の水夫たちによって殴り殺され、一緒に夜警に出ていた仲間の数人も負傷した[8]。

大半のアメリカの大都市は、有給で夜警を雇っていたが、中には自ら志願した市民で構成された「自警団」を置くところもあった。一般に、自警団員の評判は良くなかった。ある記事では、彼らは酒を飲んでは高いびきをかいている怠け者の集りで、生涯に一度たりとも夜の騒ぎを鎮めたことがなく［それどころか、我々が知る限りでは、火事が起きていることさえ発見できず］、おそらく、キリスト教世界の盗人さながら、簡単に盗賊の仲間に加わったであろう」とたたかれた[9]。ニュー・ヨーク市は志願制度の弱点を警戒し、架空の奴隷暴動、いわゆる1741年の黒人謀議に刺激されて、1745年以前に有給夜警制度を確立

第7章　公僕

図156　ロンドンのごみ掃除人夫(1750年)
円い帽子、丈長のベルト付きジャケット、ブリーチズ、そして短いゲートル（gaiters）という服装である。ベルトには街路のたまったごみを入れるために、粗布あるいは目の粗い亜麻布製と思われる袋が下げられている。
出典：M. Dorothy George, *Hogarth to Cruikshank, Social Change in Graphic Satire* (ニュー・ヨーク，1967), p.49.［著者画］

した。

　植民地の公僕には、このほかに点灯夫がいた。彼は、午後、街路のランプの手入れをしたり、清掃したりして、暗くなるとランプをつけるために雇われていた。夜中にランプの燃料が足りなくなればこれを補給した。点灯夫は特別な衣服を着用していたわけではなかったが、はしごやランプ用燃料油の入ったポットを持っていたので、18世紀の町の街頭では、容易にそれとわかった。

　フィラデルフィアは、1751年に鯨油を用いる街灯を設置してから、大英帝国の中でももっともすぐれた照明設備を備えた都市の一つとして知られるようになった。ニュー・ヨーク市では1752年には私人も新型のガラス・ランプを設置するようになり、多くの店主たちは彼らの店の前に「ほや」付きの街灯をつけた。ボストン市民は1773年に、公共税によって街灯資金を調達した[10]。

　アメリカの植民地はそれぞれ独自の郵便制度を確立した。中

図157 イギリスの運送人夫（1780年代）
彼らは普通の労働者と同じ服装をしており、彼らの職業を見分けるようなものは何もつけていない。
出典：Bowles and Carver, *Catchpenny Prints*.
［著者画］

でも早かったのがニュー・ネザーランドのオランダ人で、1652年に確立している。バージニアも早くも1662年に正式の郵便制度を設立した。1711年、議会は植民地の郵便局を帝国の郵便制度の一部に加えた。その後1753年に当時の植民地の郵政長官のベンジャミン・フランクリンは副郵政長官のウィリアム・ハンター（William Hunter）と共に植民地の郵便制度の改善をはかり、わずか2年のうちに、騎馬郵便配達人が一年中、週に1回、フィラデルフィアからニュー・イングランドまで郵便を配達するまでになった。独立革命開始期には植民者たちは加入郵便制度を確立した。そして、このような努力は「自由の息子たち」（Sons of Liberty）のような愛国者のグループによって強く支持された。18世紀全体を通じて、植民地の騎馬郵便配達人の生活は決して楽でも快適でもなかった。彼は一年中風雨にさらされ、疲れた馬を御し、時には盗賊や敵対的なインディアンとも出会い、踏み跡にしかすぎないような道路と闘わなければならなかった。

第 7 章　公僕

衣服

　1770 年代の英国では、郵便配達人は郵便馬車や 2 人乗りの小型馬車である駅伝馬車を駆ることが多かった。この頃には郵便配達人は一般に制服を着るようになっており、時には、緑や、あるいはこの方が多かったと思われるが、金糸で縁取りをした赤の制服を着た武装した護衛がついていた。

図 158　典型的な夜警
丸い帽子、シュルトゥー［surtout］・コート、ベルト付きジャケットという服装である。紐にがらがらを下げて、大きなブリキ製の提灯と棍棒を携行している。
出典：Copeland, *Everyday Dress of the American Revolution*.

図 159　ロンドンの夜警（1779 年）
彼は助勢を呼び集めるために、がらがらを振り回している。
出典：W. Austin による「The Anatomist Overtaken by the Watch in Garrying off Miss W__tts in a Hamper」と題する版画（1779）．［著者画］

第 7 章　公僕

図 160　夜警（ニュー・ヨーク市、1750 年頃）
彼はロンドンの夜警と同様の服装をしている。
出典：*Album of American History, Colonial Period* 収載の作者不詳の版画（ニュー・ヨーク，1944），p.255.［著者画］

図 161　典型的なロンドンの点灯夫（1780 年代）
ダブルの打ち合わせのジャケットはマットレス用のティッキング製で、その下には縁取りをしたダブルの打ち合わせのベストを着ている。ロープ・ベルトにランプの芯の束を、芯を調整するための鋏と一緒にはさんでいる。彼はまた丈の短いエプロン［apron］をかけ、縞の靴下をはいている。
出典：Copeland, *Everyday Dress of the American Revolution*.

図162 ニュー・ヨーク市のブロード・ストリートの点灯夫（1805年頃）
小さな円い帽子、目の粗い亜麻布製のスモック、ブリーチズ、靴下、バックル付きの靴という服装である。はしごとブリキ製のランタンを携行している。
出典：Walter Chappel により厚紙に描かれた年代不明の水彩画．Edward C. Arnold コレクション．メトロポリタン美術館（ニュー・ヨーク）．［著者画］

図163 護衛と御者、バースとブリストルの郵便馬車（1784年）
2人とも上衿とカフスとボタンホールに縁取りが施された制服のコートを着て、円い帽子にはリボンの花形帽章［cockade］が装飾されている。護衛は馬車の角笛を携行し、肩ベルトかららっぱ銃を下げている。彼もやはり拍車の付いていない騎手用のブーツをはいている。護衛のある者たちにはその上短剣が支給された。
出典：Bayne-Powell, *Travelers in 18th Century England* 収載の D. R. Baxter による絵画「Blunderbuss」（ロンドン，1970）．［著者画］

第 7 章　公僕

図 164　アメリカの騎馬郵便配達人（1775 年）
革製のヘルメット（「よく防備された革の帽子」は、イギリスの郵便配達の少年に指定されていたものであった）にコート、長手袋、そしてブーツという恰好をしている。彼は町に向かって駆けてきて、まさに郵便配達用の角笛（これは御者の角笛に似ている）を鳴らそうとしているところであろう。鞍のうしろには、郵便物の入ったカバンが乗せてある。
出典：*Boston Post Boy* 紙のマストヘッドに用いられた図案（1750 年頃）．［著者画］

図 165　植民地の騎馬配達人（1770 年代）
クラウンのまわりに布製のターバンを巻いた、竜騎兵の帽子に似た帽子を被っている。膝丈のおそらく赤の大型外套——ロクロール［Roquelaure］らしいが——を着ている。この衣服は（「Roccelo」「Rocklo」「Rocket」「Roquelo」とさまざまに呼ばれた）膝丈の外套であり、前身頃をボタンで留めている。そして、馬の背に乗って着用するために、背中の割れた大きなシングルまたはダブルの衿が付いている。
出典：Cunnington and Lucas, *Occupational Costume in England*．［著者画］

143

図166 墓掘り女（18世紀中葉のイギリス）
ここに見られる女は、明らかに墓掘りのための恰好をしている。彼女は男ものの円い帽子と水牛皮製のウェストコートを着ている。緑のスカーフが首のまわりに結びつけられ、男もののシングルの打ち合わせの黄褐色のコートと思われるものを着ている。ガウンもやはり黄褐色を帯びた茶色である。
出典：著者所蔵の年代不明，作者不詳の版画．

第 7 章　公僕

図 167　町の触れ役（スコットランド、ダルキース、1809 年）
白い亜麻布製の頭巾、青みを帯びた灰色のジャケット、明るい茶色のスカートという服装である。彼女の靴はバックルではなく紐で留められている。
出典：著者所蔵の John Kay による版画（エジンバラ, 1809）.

〈原注〉
1) Barck and Lefler, *Colonial America*.
2) Ibid.
3) Ibid.
4) Ibid.
5) Earle, *Stage-coach and Tavern Days*.
6) *Travels in America*, by Moreau de Saint Méry, 1792-93 (New York, 1953).
7) Bridenbaugh, *Cities in Revolt*.
8) Ibid.
9) Esther Singleton, *Social New York Under the Georges, 1714-1776* (New York, 1902).
10) Ibid.

第8章
正規軍と民兵

　植民者たちはアメリカ独立革命前には正規のイギリス連隊と植民地民兵隊の双方で兵役に服していた。彼らは18世紀の多くの対フランス、対スペイン、対インディアン戦争や軍事行動に加わったので、かなりの軍隊経験があった。民兵と植民地連隊の装備を整えるための出費は、市民には不評ではあったが、どの植民地にも民兵制度が敷かれており、戦場に兵士を送ることができた。民兵たちは一般には、軍服を持っておらず、また、装備が整っていなかった。民兵に関するほとんどの法律は、兵士にはそれぞれマスケット銃、銃剣あるいは鋭利な手斧、弾薬箱と実弾、毛布を支給すべきことを、単に規定しているにすぎなかった。実際には、植民地政府が支給した武器は、多くの場合、貧弱で、新兵たちは自分の武器を持参するよう求められた。ペンシルベニア植民地政府は新兵が自らの銃と毛布を提供した場合には、0.5ドルを支給した。多くの場合、兵士たちは軍服も自ら用意することが期待された。たとえば、1775年に、メリーランドのフォート・カンバーランドでバージニア連

図 168 サウス・カロライナ州の騎馬連隊員（1740〜1749年）
真鍮のボタンの付いたマザリン・ブルーの上質ウール地のコートと赤いウェストコート［waistcoat］と鹿皮のブリーチズ［breeches］と金モールで縁取りした帽子という服装をしている。
出典：Peter Copeland and Fitzhugh McMaster による Military Uniforms in America 図版 389-390, Company of Military Historians Magazine の好意による.

隊の士官の装備について出された命令では、守備隊の任務につく場合、士官は各自「良質の青地の連隊服、緋色の縁取りとカフスを付け、銀色に縁取りしたコート、銀色のモール飾りをあしらった緋色のウェストコート［waistcoat］、青のブリーチズ［breeches］、そして、もしできうることなら、銀モール飾りのついた帽子を用意すること[1]」と。

1755年に、主に、サスケハナ川沿いの開拓民で構成されたペンシルベニア州の連隊は、当時の代表的な連隊であった。連隊は1757年、緑のコートと赤いウェストコートと革製のブリーチズを自費で用意し、着用すべきことを定めた。しかし、驚くに当たらないことではあったが、最初の2年間、兵士たちは軍服をもたなかった。そこで連隊は、水夫風の衣服、すなわち、「丈夫な亜麻布製の大腿に届くペティコート・トラウザーズ［petticoat trousers］とやはり亜麻布製の水夫のフロック」を購入するよう勧められた。しかし結局、大部分の男たちは自分たちの衣服を着ることになった。脱走兵に関する新聞記事は、

彼らの衣服の中には、青い靴下と明るい色のコートと白い亜麻布製の帽子があったことを伝えている。多くの男たちは目の粗い亜麻布製の狩猟用シャツ［hunting shirt］を着、インディアンのレギンス［leggings］とモカシンをはいていた。

1750年代の多くの植民地部隊はインディアンの衣服を着用していた。彼らの中にはジョージ・ワシントン少佐がペンシルベニアのレイズタウンまで進撃させたバージニア人がいた。

植民地に配置されたイギリス人兵たちもやはり何らかのインディアンの衣服——特にインディアンのレギンスやモカシンや狩猟用のシャツを採り入れた[2]。ワシントンは後に、独立戦争中に、彼の兵卒たちのために、靴下の代わりに、インディアンのブーツ［boots］やレギンスを注文した[3]。

独立革命戦争勃発時に、特に田舎や辺境地から新たに召集された部隊の多くはライフル銃兵から成っていた。これらのライフル銃兵隊は、通常、緑や黒や茶や青や黄色に染められた目の粗い亜麻布製の、房飾りがあしらわれた狩猟用（あるいはライフル銃兵用）のシャツ、ケープ、目立った色のカフス、騎兵ズボン、房飾りが施された亜麻布製の細身のズボン、鍔がぱたぱたと上下する帽子、弾丸入れ、そして、角製の火薬入れという特有の服装をしていた[4]。パトリック・ヘンリー（Patrick Henry, 1736～99）のライフル銃兵は粗麻布製のシャツとブリーチズを着用していた[5]。ライフル銃兵のシャツ［rifle shirt］は、入手可能なあらゆる素材を使って作られており、連隊の出身地によって異なっていた。ヘンリー・バブコック司令官のロード・アイランド州連隊は紫色や「濃い赤紫色」に染めたライフル銃兵用の服を着ていた[6]。バージニア州の第7連隊のある兵士は、1776年5月の記録によれば「黒に近い色に染められた縞模様のバージニア・クロス（Virginia cloth）製の狩猟用シャツ」を着用していた[7]。有名なダニエル・モーガン（Daniel Morgan, 1736

図169 バージニアの「シャツメン」(1776年)
ここに描かれた人物は戦争の初期に多くのアメリカ連隊によって採用された典型的なライフル銃兵の服装をしている。左から2番目の人物の将校は、白い房飾りの付いた紫色のシャツとズボンを身につけている。男たちは、前身頃に「自由か死か」と描かれた茶味を帯びた緑色の衣服を着て、フェルト[felt]帽の鍔を巻き上げずに被り、帽子に雄ジカの尻尾を留めつけている。
出典：Peter Copeland and Marko Zlatich による「The Minute Battalion of Culpepper County, Virginia, 1775-1776」と題する Military Uniforms in America 図版, Company of Military Historians の好意による.

～1802）のライフル銃隊が着用していたアメリカ独特のライフル銃兵の服装に関する最高の描写の一つとして、1775年、ジョン・トランブル（John Trumbull, 1756～1843）の描いた絵が残っている。

> あなたは、モーガン将軍がブラドック将軍とともに遠征に出られた時におそらく着ていたであろうと思われるライフル服が御者のフロックと間違えられるのではないか、と懸念されていますが、それらの間には外套とコートという類似点の他にはどんな類似点もありません。御者のフロックは今日の荷馬車の御者のフロック同様、他の衣服を包み、保護することを意図したものであり、単に膝下まで丈のある粗悪なシャツにすぎませんでした。一方、1775年にケンブリッジにやって来たバージニアのライフル銃兵［その中にモーガンがいた］の服は、腿の中程の丈の優雅なゆったりした、随所に房飾りが施されたもので、同じように房

第8章 正規軍と民兵

図170 「シルク・ストッキング部隊」の隊員(ニュー・ヨーク市)
スポーツマン部隊は、1775年にニュー・ヨーク州軍のジョン・ラシャー大佐の大隊を結成した、ニュー・ヨーク市の暮し向きの良い若者たちから構成されていた。彼らの制服は「深紅色で縁取りされた緑の丈の短い外套と小さな帽子から構成されている」と述べられている。
出典:E. C. O'Callaghan, *Documents Relative to the Colonial History of New York*(1898)Vol.1.

飾りや装飾が施された、同じ素材と色合いのパンタロンと併せて着用されました。将校たちは、この上から例の深紅の肩帯をかけ、腰には黒い革紐やベルトを締めていました。私に言わせていただければ、実用的であると同時に実に美しく優雅な服でした。金もわずかしかかかりません。兵士たちは、行軍中に小川に出会えば、いつでもこれを洗うことができたのです。また、たとえ他の衣服がどんなに擦り切れ、ぼろぼろになり、汚れても、その上からこの服を着ると、優雅なユニホーム姿になったのです。

　上記は、サラトガでのバーゴインの降伏を描いたトランブルの絵の中でモーガンが身につけていた衣服についての記述である。しかしながら、独立革命期の平均的な兵士の服装は、バージニアのライフル銃兵のような優雅なものではなく、ここに述べられた御者のフロックに近いものであったと思われる。
　その後、独立戦争中の1779年、軍事委員会は植民地軍の軍

図171　バージニア州の第2連隊の男たち（1775〜1778年）
ここに描かれた制服は、正規のヨーロッパ・スタイルの軍服にならって作られたものである。鍔の片側が巻き上げられた小さな円い帽子は、軍人の黒いリボンの花形帽章［cockades］と調和している。彼らのうしろ裾付きの短い上衣、あるいは丈の短いコート［coatee］にはミリタリー・スタイルにラペルとカフスが付いている。彼らはブリーチズと靴下をはき、丈の短いレギンス［leggings］、あるいははねよけゲートルをつけている。左から2番目の男は兵士用「オーバーオール（overall）」――裾から膝の中ほどまでボタン留めした、ぴったりした、脚絆をまいたズボン――をはいている。
出典：P. Copeland and M. Zlatich による「2nd Virginia Regiment, 1775-1778」と題する Military Uniforms in America 図版．Company of Military Historians の好意による．

服の色と裁断法を厳密に規定した。最終的には植民地軍にもヨーロッパ諸国の軍隊と同じように、正規の軍服があてがわれたのである。1779年10月2日の一般命令で、ワシントンはこれらの軍服はいかなるものであるべきかを詳しく説明した。

> 砲兵連隊ならびに砲兵技術連隊は、緋色の縫取りと裏地、黄色のボタンが付き、ボタンホールを黄色いテープでかがったダーク・ブルーのコートを着用すること。軽装備の竜騎兵は、白で縁取りされ、白いボタンが付いたダーク・ブルーのコートを着用すること。歩兵連隊は白で裏打ちさ

れ、白いボタンの付いたダーク・ブルーのコートを着用すること。コートの縫取りについては以下のとおりとする。

　ニュー・ハンプシャー、マサチューセッツ、ロード・アイランドおよびコネティカットの兵士は、白の縫取りを付けること。

　ニュー・ヨークおよびニュー・ジャージー隊は黄褐色の縫取りを付けること。

　ペンシルベニア、デラウェア、メリーランドおよびバージニア隊は、赤の縫取りを付けること。

　ノース・カロライナ、サウス・カロライナおよびジョージア隊は、青の縫取りを付け、ボタンホールは細い白いテープで縁取りすること[8]。

　だが、正規の軍服はめったに見られなかった。いくつかの州の連隊では、全員が軍服を着用していたが、大半の連隊では、衣服の支給は散発的におこなわれたにすぎず、それも多くの場合、種々雑多で、統一されたものではなく、質も粗悪であった。一般の兵士は利用できるものなら何でも着た。

　老兵たちのうちのある者は、フレンチ・インディアン戦争中に着用していた植民地の軍服を着て1775年に出征した。反乱の大義名分を掲げた「シルク・ストッキング部隊」(silk stocking companies) であった都市の独立中隊の兵士たちのある者は、戦前の軍隊の軍服を着て出征した。しかしながら、大部分の義勇兵は民服のまま前線へ向かい、出征後、稀に支給された衣服を、たとえそれがどんなに風変わりなものであっても身につけたのである。1780年以降になってやっと植民地軍にも何らかの軍服が正規に支給されるようになったが、脱走兵に関する当時の地方新聞の記事や手紙や日記を見ると、その頃でもまだ多くの兵士たちは軍服を支給されていなかったことが分

図172 マスケット銃兵（1776年）
白いライフル銃兵用フロックを着て、白いぴったりしたオーバーオールをはき、「Congress」（議会）と記された円錐形の帽子の片側に1本の羽毛を付けている。帽子に付いている円い記章は、13の円い輪をからみ合わせた円であろう。各々の輪は「We are one」と呼び合った反乱植民地の一つひとつを表わしている。
出典：ドイツ人将校のスケッチ，Mrs. John Nicholas Brown 所蔵（プロビデンス，ロード・アイランド）．

かる。フランス軍のルドウィヒ・フォン・クローゼン（Baron Ludwig von Closen）はこう述べている。「アメリカ兵はフランス軍と比べると、服装にしても装備にしてもひどい状態にあった。不幸な彼らのほとんどは汚れてぼろぼろになった、白い布製のジャケットしかもっておらず、多くの人々は裸足だったのである[9]」と。

1775年、冬の訪れとともに地方議会は1万3,000着の暖かいコートの供出を市民に訴えた[10]。愛国的な女性たちは、その呼びかけに応え、毛紡車や手織機に向かい、ホームスパン（homespun）の衣服を供出した。マルキー・ドゥ・シャストルー（Marquis de Chastellux, 1734～1788）はその回想録の中で、フィラデルフィアの婦人たちによって最近なされた手仕事でいっぱいの部屋に案内された時のことを回想している。彼女たちの仕事は刺繍が施されたウェストコートでもなく、レースのセットでもなく、金糸刺繍でもなかった。彼女たちが作っていたのは、ペンシルベニアの兵士たちのためのシャツであった。

婦人たちは自費で布地を入手し、心から喜んで自ら裁断し、縫製した。それぞれのシャツにはそれを作った少女や婦人の名前が印されており、その名前は2,200もあった！[11] 粗製のウール地の服を着たワシントン軍の光景は、敵のイギリス軍にひやかされ、「ホームスパン」(Homespuns) というあだ名をつけられた。忠誠派のある婦人も、ひどい恰好をした反乱者たちが、こっけいな姿をしているのに出くわした。「シャツ姿で音の悪いドラムと、長い刀剣を携え、懸命に演奏している弁髪のバイオリン弾きを先頭に行進している、シャツにズボンといういでたちの［ノース・カロライナのウィルミントンで訓練中の新兵］の姿を思い出したら吹き出してしまいますわ。彼らはそれ以上はないというくらい軍人らしからぬ恰好をしておりましたわ[12]」。

　植民地軍には、資金が欠乏していたというだけではなく、いったん服務期間を終えると兵士たちは彼らの衣服を家に持ち帰ったので、軍服がなかったのである。フランス公使ジェラール (A. Gerard) は1778年8月12日、自国政府に宛てた私的な急送文書の中で、こう述べている。「植民地の田舎には軍服を着た者たちがおりますが、軍の兵士たちは軍服を着ておりません。10万人の兵士に着用させるに十分なだけの軍服は既に支給されているのですが[13]」。

　衣服の欠乏、とりわけ靴の欠乏は、戦争中を通じて、植民地軍を悩ませた。不足を軽減しようとする努力の中で、国民にくり返し多くの命令が下された。たとえば、1777年にジョージ・ワシントンはバックス、フィラデルフィア、ノーサンプトンといった地域で、毛布から靴下に至るあらゆる種類の衣服の強制徴発を認める命令を下した[14]。さらに次のような広告が新聞に出された。

　　　1776年8月7日、ノリッジ。軍隊が使用するために次の

図 173　植民地軍の海兵隊員（1776 年）
この図は角製の火薬入れに彫刻された細工物から採ったものである。
出典：アメリカ合衆国海兵隊博物館（クオンティコ，バージニア）．

ものを求む。兵士のコートやウェストコートにふさわしい多量のオール・ウールの自家製の布地、縞柄および無地の粗麻布、格子柄の亜麻布、同じく格子柄のウール地、ならびに男性用の靴。人民のために上記の物をご提供下さる方には、それを引受人のもとまで持参いただければ、そこで代金をお支払いいたします。

幸運にも軍服を入手できたある兵士たちには、こうして集められたイギリスの衣服が支給された[15]。しかしその他の兵士に支給された衣服は、フランスから輸入されたようだ。ある場合にはヘンリー・リビングストン（Henry Livingston, 1757～1823）大佐の連隊には、各 400 人分のスーツ、靴下、帽子、靴、ゲートル、ストックが送られることになっていた[16]。しかし、リビングストンの連隊には当時わずか 195 人の兵卒しかいないことが判明し、220 人分の縁付きの帽子［hat］と縁なし帽［cap］、靴下、ストックだけが送られた。これらの軍服は、大

第8章 正規軍と民兵

図174 ライフル銃兵
「自由か死か」と刺繍が施された布製または麻布製の帽子と、簡素な市民のコートとブリーチズと、靴下とはねよけゲートルと靴を身につけ、上等の身支度をした反乱軍兵士。弾薬箱を左側にかけ、マスケット銃には、鞘なしではあるが、銃剣が付いている。
出典：1776年の原画．イギリスの諷刺画．［著者画］

量に輸入された兵士用の衣服の一部であった。

　戦争が長引くにつれて、愛国心は弱まり、もはや大勢の志願者たちが進んで入隊することはなくなった。奴隷たちがその主人によって連れて来られ、民兵として服役した。商人たちは軍隊のための必需品を供給するために、財政が貧窮した議会に対して法外の額を要求し続けた。ナサニエル・グリーン将軍（Nathaniel Greene）は1780年半ばに、ワシントンに宛てた手紙に次のように書いた。

　　私は南部の軍隊のための衣服の提供を当市［フィラデルフィア］の商人に申し入れました。だが、彼らは既に処理し切れないほどのものを受けているとして拒絶しました。私は衣服を供給すべく、メリーランドとバージニアで募集を始めるつもりです。これがうまくいくかどうかは、その時になってみなければ分かりません。いずれにせよ、私はできるかぎりのことをいたします。もし人びとに自らの自

図175　メリーランド州軍の、第1独立中隊の兵士（1776年）

メリーランド州の7つの独立中隊の隊員たちは、基本となる色は異なるが、全員同じ服装をしていた。第1独立中隊はライフル銃兵用のシャツとズボン用のオズナブルグ［oznabrug］の亜麻布を幾巻きか支給された。ライフル銃とマスケット銃と、弾薬袋、弾薬箱、角製の火薬入れ、火打ち石、弾丸の鋳型が亜麻布と共に1776年4月と5月に、メリーランド州の軍部の販売部によって支給された。銃の負い革と、銃剣をさげるベルトと水筒が、1776年8月にセント・メアリーズ郡の中隊に支給された。
出典：原稿コレクション，メリーランド歴史協会（アナポリス）．［著者画］

由を守ろうとするだけの愛国心もないとしたら、彼らは奴隷に値しましょう[17]。

　衣服はたまに入手できたが、紛失したり、目的地に届かなかったり、まさに悲劇的であった。1782年、グリーン将軍はこう記している。「将校用のわずかの亜麻布を除いて、一片の衣服たりとも北部から届かなかった。バージニアでは、冬中、かなりの衣服が不足し、また、これまでそうであったが今なお大量の武器が不足している。我々の300人の兵士には武器がなく、1,000人以上の兵士は衣服が不足しているために裸同然であり、焦眉の場合以外には任務につかせることができない[18]」。
　とりわけ、戦争の初期に植民地軍がさらされた極貧の状態は、現存している多くの手紙や軍事関係資料において証言されている。イギリスの軍事当局は、1777年に捕えた反乱軍の囚人の状態を、次のように描写している。「裸同然で、ほとんどは靴をはいておらず、汚れた古い毛布を腰に巻きつけ、古い皮のベル

第 8 章　正規軍と民兵

図 176　メリーランド遊撃野営大隊（セシル郡の民兵の中部大隊）の、サミュエル・エバンズ大尉の率いる中隊の兵士（1776 年）
典型的な民兵の衣服をまとった姿に描かれている。丈の長い青のジャケットと白のウェストコート［waistcoat］と格子柄の茶色のズボンを着用している。両脇には亜麻布製の雑嚢と錫製の兵士用の水筒を携行している。フランスの「シャルルビル」マスケット銃を携えている。
出典: *Pennsylvania Packet* 紙, 1776 年 11 月 12 日（脱走兵を描いたもの）. ［著者画］

トで押さえていた[19]」。また、ジョージ・ワシントンは 1777 年 9 月、議会の議長に対して、次のように報告した。「今日、少なくとも 1,000 人の兵士たちは裸足であり、そのような状態で先日の進軍をしたのであります[20]」。植民地軍の軍医アルビゲンス・ワルドー（Albigence Waldo）はアメリカ兵の様子を書き残している。それは悲しいかなあまりにも一般的な光景であった。「一人の兵士がやって来る。はき古した靴を通して素足が見え、たった 1 足しかはいていないぼろぼろになった靴下からは脚がほとんどむき出しになっており、ズボンもその脚をおおうには丈が足りない。彼は泣き叫ぶ——私は病気です。私は足が悪く、脚が痛み、全身が痒くてたまらない[21]」。

　これらの兵士たちが生きていかなければならなかったみじめな状態、そして、彼らに与えられた食べ物——それも、（彼らのうちのひとりが後に語っているように「完全な腐肉」であったにせよ）実際に何らかの食べ物が与えられた場合の話であるが——のことを考えると、彼らが何百人も脱走したというのも決して

不思議ではない。ある植民地連隊員は、1777年の感謝祭の日に支給された食事について回想している。それは半ジルの米とスプーン1杯の酢であった。兵士たちはめったに給料を支払われることがなく、その支払いも、平価が切り下げられほとんど無価値となった植民地通貨でおこなわれた。キャンプではさまざまな病気がしじゅうはびこり、軍の処罰の仕方はイギリス海軍同様に厳しかった。こうして、給与も支払われず、栄養失調となり、悲惨な服装をした植民地軍は、勝利に向かって歩み続け、歴史にその名を残したのである。

第8章　正規軍と民兵

図177　メリーランド州軍の第3独立中隊の軍曹（1776年）
このライフル銃兵は「スプリット・シャツ」——前身頃が開き、縁飾りや襞飾りで縁取りされた狩猟用のシャツ——を着ている。これはまた「カロライナ・シャツ」として知られており、南部植民地の兵士たちによって着られていた。彼の衣服は黒く染められ、麦わら帽を被っている。弾丸入れのバッグと軍曹の剣は、乏しい革の代りに、亜麻布製の帯紐で作られたベルトから下げられていた。
出典：原稿コレクション，メリーランド歴史協会（アナポリス），[著者画]

図178 制服を着たサウス・カロライナ民兵中隊員(1776年)

「赤い縫取りが施され、金属性のボタンが付いた立衿の青い上衣と白のウェストコートとブリーチズという服装である。黒いニー・バンドとゲートル(あるいは、はねよけゲートル)と白い十字帯をつけている。ビーバーの毛皮製の帽子の前の部分に、銀製の三日月が付いており、左側には、黒のダチョウの羽毛が、右側には白い羽毛が付いていて、帽子のてっぺんで、これらの羽毛が突き合わせになっている」。大部分の民兵中隊には制服がなかった。この中隊の民兵たちは自分でこれらの身支度を整えたのであるかどうかは分からない。

出典：P. Copeland and F. McMaster による「Soldier of the St. Helena Volunteer Company, South Carolina Militia, 1775-1776」と題する Military Uniforms in America 図版. Company of Military Historians Magazine の好意による.

第8章 正規軍と民兵

図179　第25植民地歩兵隊の兵士（1776年）
この中隊の兵士たちは1776年にシャンプレーン湖のアーノルド艦隊で服務していた。ここに我々はジャケットとベストとズボンと鍔の巻き上げられていない円い帽子とインディアンのモカシンという船乗りの衣服を見ることができる。彼は当時の武装したボートの上で使用された短い防禦用の鉄砲を携えている。
出典：スミソニアン協会，歴史技術博物館所蔵（ワシントン D.C.）．［著者画］

図180　コネティカット州の第10植民地連隊の兵士（1776年）
赤い裏と赤い縫取りが施された明るい茶色のコート、明るい茶色のウェストコート、鹿皮製のブリーチズという恰好をしている。彼のコートのボタンはピューター製で連隊のナンバー「10」が印されている。
出典：スミソニアン協会，歴史技術博物館所蔵（ワシントン D.C.）．［著者画］

163

図181 植民地正規軍第1連隊の兵卒（1776年）

この兵士は1775年にワシントンが陸軍の制服として規定した狩猟用のシャツとオーバーオールを着用している。彼の円い帽子はビーバーの革を用いたフェルト製で、ウェストには長い鞘ナイフを携帯している。また、銃剣の代りに手斧や野営用の斧を携えている。彼のオーバーオールは膝の部分でガーターで留められている。

出典：スミソニアン協会，歴史技術博物館所蔵（ワシントン D.C.）．［著者画］

図182 植民地軍の海兵隊員（1776年）

この海兵隊員の絵は、当時の新聞から写しとったものである。「ブリグ・ハンコックに所属するウィリアム・シッピン隊長の海兵中隊から脱走したジョゼフ・ハンフォード——30歳で身長は5フィート7～8インチ——古い青の上衣と古い革のブリーチズと格子柄のシャツと古いフェルト帽を着用している」。

出典：*Pennsylvania Evening Post* 紙（1776年6月1日）．［著者画］

第8章　正規軍と民兵

図183　ペンシルベニア州の第4大隊のライフル銃兵（1776年）
この兵士はライフル銃兵の衣服の代りに、1776年の初頭に彼に支給された連隊の制服のつぎの当たった着古したお古を着ている。彼の鍔が巻き上げられた帽子は切り落されて小さな円い帽子になっている。白く縫取りされたダーク・ブルーのコートは裾布が裁ち落され、短い上衣になっている。靴と靴下ははきつぶされ、裸足である。これは、植民地軍では珍しくもない状態である。
出典：P. Copeland による「Soldier of the Rifle Company, 4th Pennsylvania Battalion, 1776」と題する Military Uniforms in America 図版．Company of Military Historians Magazine の好意による

図184　マサチューセッツ州ウースター郡第5連隊の兵士（1776年）
この田舎の民兵は植民地連隊の多くの兵士と比べると良い身なりをしており、装備もよい。彼は彼の家族の女たちによって作られ、染められたホームスパンの布製の小ぎれいなスーツを着ている。モミの木の小枝が飾られた円いフェルト帽を被り、オールドスタイルの英国製の革の装具ベルトをかけており、このベルトから銃剣の代りに、野営用の斧あるいは、戦斧を下げている。
出典：Copeland, *Everyday Dress of the American Revolution.*

図 185 ペンシルベニア州の第 5 大隊の隊員（1776 年）
赤い縫取りが施され、白い裏の付いた茶色のコート、白いウェストコートと革製のブリーチズに、鍔が巻き上げられていない円い帽子を被り、帽子にはガラガラヘビの皮でできたバンドを巻いている。
出典：Peter Copeland and Donald W. Holst による「Brother Jonathan, Soldier of the American Revolution」と題する版画シリーズ.

第8章　正規軍と民兵

図186　メリーランド州の砲兵隊（Mattrosses）の第1歩兵中隊の隊員（1776年）
この砲兵中隊（「Mattross」は砲手あるいは砲兵の昔の名称である）は、ボルティモアへの進軍を防衛していた。第1中隊の制服は、白で縁取られ白い裏の付いた青のコートとグレーのウェストコートと革製のブリーチズと白い金属製のボタンから成っていた。
出典：Peter Copeland and Donald W. Holst による「Brother Jonathan, Soldier of the American Revolution」と題する版画シリーズ.

図 187　少年中隊の隊員（1775 年）
広く流布した愛国的なモットー「自由か死か」を胸に刺繍した狩猟用のシャツ、ズボン、片側に花形帽章とアヒルの尾を付けた小さな円い帽子という服装をしている。少年中隊はインディアンとの交易品であるマスケット銃で武装している。その銃床は青く塗られていた。これらの銃はこの絵の背景に見られるウィリアムズバーグの軍需品倉庫から略奪したものである。
出典：Peter Copeland and Donald W. Holst による「Brother Jonathan, Soldier of the American Revolution」と題する版画シリーズ.

第8章　正規軍と民兵

図 188　デラウェア州の遊撃野営大隊の隊員（1776 年）
制服に採用された唯一の試みは，各兵士の帽子に付けられた明るい青のリボンの花形帽章であった。これは遊撃野営大隊とデラウェアの他の部隊とを区別するために用いられたものと思われる。このデラウェアの民兵はシングルの打ち合わせの市民服の上に，巻いた毛布（ナップザックの代わり）と亜麻布製の雑嚢を背負っている。彼はオールドスタイルの軍隊用のブリキ製の水筒と角製の火薬入れを携行している。
出典：Peter Copeland and Donald W. Holst による「Brother Jonathan, Soldier of the American Revolution」と題する版画シリーズ.

図189 兵士（1777年）
この絵は1777年にデラウェア州によって発行された戦時の1枚の古い紙幣のイラストに拠るものである。彼は裾布なしで、裾を丸く裁断したベルト付きのウェストコートに、雄ジカの尻尾で飾った円い帽子、そして正規連隊の外套という服装をしている。
［著者画］

図190 植民地軍の二人の技術兵（1778〜1779年）
左手の技術兵は支給された冬物の服を着ており、右手の男は1779年に支給された亜麻布製のフロックとオーバーオールを着用している。
出典：*Jacob Weiss Letter Book*, アメリカ議会図書館（ワシントンD.C.）．［著者画］

第8章　正規軍と民兵

図191　バージニア州の第7連隊の兵士（1777年）

バージニア州の第7連隊の兵士に初めて支給された衣服は、黒の房のついたライフル銃兵用のシャツと茶色の亜麻布製のレギンスから成っていた。大部分の連隊は大きな円い粗末なフェルト帽を鍔を巻き上げずに被っている。この兵士は白い帆布製のベルトに付けた弾薬入れと小さなたる型の木製の水筒と目の粗い亜麻布製の雑嚢を携行している。

出典：Peter Copeland and Donald W. Holst による「Brother Jonathan, Soldier of the American Revolution」と題する版画シリーズ．

図192　コネティカット州の第1連隊の兵士（1778年）

ここに示されたコート（赤の）は、一見イギリスの制服とまぎらわしいが、コネティカットの兵士の間では人気があった。コネティカットのいくつかの連隊では、戦争の末期まで、赤いコートを着用していた。コネティカット州の第1連隊の兵士は、イギリスの歩兵の伝統的な鍔が巻き上げられた帽子ではなく、小さな円い帽子を被っていた。

出典：Peter Copeland and Donald W. Holst による「Brother Jonathan, Soldier of the American Revolution」と題する版画シリーズ．

図193 植民地第2砲兵隊の砲兵 (1778年)
ニュー・ヨーク・ジャーナル紙は、この男は連隊から逃亡した兵士で、「赤い縫取りが施された茶色のコートと赤と白の縞のウェストコートと青と白の縞のズボンとフェルト帽を着用している」と記している。
出典: *New York Journal* 紙(1778年5月25日).
[著者画]

図194 ニュー・ハンプシャー州の第1連隊の軍曹 (1778年3月)
この制服は、赤い縫取りが施され、白い裏の付いた緑のコートと緑のウェストコートとブリーチズから構成されている。彼は紡糸製の靴下とインディアンの鹿皮製のモカシン——これは時々靴の代りに兵士たちに支給された——をはいている。彼は右肩に軍曹の位を示す赤い肩章を付け、黒いリボンの花形帽章の付いた鍔の巻き上げられた帽子を被り、短い陶製パイプを携えている。
出典: Peter Copeland and Donald W. Holst による「Brother Jonathan, Soldier of the American Revolution」と題する版画シリーズ.

第8章　正規軍と民兵

図195　バージニア州軍のイリノイ連隊（1778～1781年）
左手前の兵士は、アメリカのフロンティアで広く用いられ、また1780年により公式の制服が採用されるまで、連隊で用いられていたライフル銃兵の衣服をまとっている。一番右側の兵士は、白い縫取りが施された、ダーク・ブルーのコートとダーク・ブルーのベストとオーバーオールを身につけている。士官は赤い縫取りが施された公式の茶色のコートとグレーのベストとブリーチズを着用している。通訳は制服の上にインディアンのコートを着用している。
出典：Peter Copeland and Marko Zlatich による「The Illinois Regiment, 1778-1781」と題する Military Uniforms in America 図版，Company of Military Historians の好意による．

図196 植民地第2砲兵連隊の横笛奏者（1779年）
この横笛奏者は横笛奏者とドラマー用の規定の制服（反対色の）を着ている。黒と白の裏と黄色のボタンに黄色いモールが付けられた赤いコートと白のウェストコートとブリーチズと白の靴下と黒のはねよけゲートルを身につけている。鼓手と横笛奏者は、銀色のコードが付き、黄色のモールで縁取りされ、花形帽章の上にクマ皮の房が付けられた円い帽子を被っている。
出典：Peter Copeland and Donald W. Holst による「Brother Jonathan, Soldier of the American Revolution」と題する版画シリーズ．

図197 ライフル銃兵の衣服を着たアメリカ兵（1780年）
これらの当時のドイツ人の絵には、「Congress」（議会）という言葉が記され、片方に羽毛が飾られた革製の帽子が描かれている。この兵隊の目の粗い木綿のライフル兵用のフロックとズボンはダーク・ブルーがかったグレーで、白い房飾りが付いている。彼の長い髪は、後方で棍棒状にまとめられている。彼のベルトは、茶色の革製で、弾薬入れは黒の革製である。
出典：*American Heritage Book of the Revolution*（ニュー・ヨーク，1958），p.165.

第8章　正規軍と民兵

図198　マサチューセッツ州の兵士（1781年）
この兵士の軍服は、マサチューセッツの検閲局の士官委員会によってマサチューセッツ正規軍のために採用されたものである。この軍服は、着用されるべき色に関する戦時委員会の規定——すなわち、白で縫取りされた青——に合致している。ラペルとカフスのボタンの数と大きさ、ラペルの幅、裾丈、その他について明記したこの軍服に関する詳しい記述は、Elizabeth McClellan の *History of American Costume*（フィラデルフィア，1904），p.365 に見られる。

図199　植民地軽騎兵第3連隊の士官（1781年）
第3連隊の規定の制服は、青で縫取りされ、青で裏打ちされた白いコートと白いウェストコートと革製のブリーチズから構成されていた。ヘルメットに巻き付けられたターバンもやはり青で、真鍮のヘルメットの頂には白い馬の毛の飾りが施され、その上には黒いダチョウの羽根をいただいていた。
出典：Peter Copeland and Donald W. Holst による「Brother Jonathan, Soldier of the American Revolution」と題する版画シリーズ．

図200 カナダの冬服を着たイギリスの歩哨（1777年）
この歩哨は茶色の毛皮のターバンと尾のようなものが付けられた赤い帽子を被り、フード付きの白いカポート（あるいはブランケット・コート）を着用している。カフスと裾には明るい青の縁取りが施されている。腰には明るい青のバラ飾りが、また明るい青の紐あるいはテープが胸部に見える。彼の青のレギンス（あるいはズボン）の側面には少なくとも7個のボタンが付いている。彼は白いウェストベルトに銃剣用の黒い鞘と黒い弾薬入れを下げ、白い肩ベルトをしている。
出典：Albert W. Haarman and Donald W. Holst の「The Friedrich von Germann Drawings of Troops in the American Revolution」, *Military Collector and Historian* (1964, 春). ［著者画］

第8章　正規軍と民兵

図201　ロード・アイランド州の連隊の伍長（1781年）
この伍長は、赤いカフスの付いた丈の短い白い上着と白いウェストコートに、未晒しの亜麻布製のオーバーオールをはいている。帽子はおそらく、黒革製で前部のフラップには白い縁取りが施されている。ロード・アイランドの紋章──白い錨──が前部についている。ボタンは鉛あるいはピューター製で、伍長の肩章は緑の梳毛織物製である。
出典：Copeland, *Uniforms of the American Revolution*, Baron Ludwig von Closen 画, Closen Papers より, アメリカ議会図書館写本部門（ワシントン D.C.）.

〈原注〉

1) John Fitzpatrick, ed., *The Writings of George Washington* (Washington, D.C., 1931), Vol. 1, p. 176.
2) Earle, *Two Centuries of Costume in America*, p. 695.
3) Fitzpatrick, op. cit., Vol. 3.
4) *Public Advertiser* (London, 13 March 1776).
5) Earle, op. cit., p. 698.
6) *Newport Mercury Extraordinary* (11 July 1776); *Providence Gazette* (29 July 1776).
7) *Purdie's Virginia Gazette* (10 May 1776).
8) Board of War Regulations, 1779.
9) *The Unpublished Journal of Baron von Closen* (Washington, D.C., n.d.).
10) Earle, op. cit., p. 694.
11) *Voyages de M. le Marquis de Chastellux dans l'Amerique Septentrionale* (Paris, 1788).
12) Janet Shaw, ed., *Journal of a Lady of Quality, Being a Narrative of a Journey from Scotland to the West Indies, North Carolina, and Portugal in the Years 1774-1776* (New Haven, 1927), p. 281.
13) Sherrill, *French Memories of 18th Century America*.
14) Fitzpatrick, op. cit., Vol. 9.
15) *The Papers of George Washington* (Washington, D.C.), Vol. 188.
16) *Minutes, Charles Thomson, Secretary, Pennsylvania Archives*, 1st Series, Vol. VII (Philadelphia, 1853), pp. 221-223.
17) Jared Sparks, *Correspondence of the American Revolution* (Boston, 1853), Vol.3, pp.137-139.
18) *Papers of the Continental Congress* (National Archives), Vol. 2, folios 433-439, item 155.
19) A report from British headquarters to London, 1777.
20) Fitzpatrick, op. cit., Vol. 3.
21) Charles K. Bolton, *The Private Soldier Under Washington* (New York, 1902).

第9章

知的職業人

　植民地アメリカの中産階級や上流階級の息子たちは、イギリスでの場合と同じように、法律家や医者、あるいは聖職者となる道を選ぶことができた。18世紀に入るとアメリカはこれらの職業において、独自の信用を打ち建て始めた。この時代に植民地自らの法学校や医学校がいくつか設立され、また、宗教的関心が復活し、商業や農業におけると同じように、植民者たちは、法律や医学や宗教の分野においても、母国に依存することがますます少なくなってきた。
　18世紀の初頭には植民地における医学の知識は、西ヨーロッパと同レベルであった。それは何と言ってもアメリカの大半の医者たちは、エジンバラ大学、ライデン大学、パリ大学といった外国の医学校やロンドン大学で教育を受けていたからである。植民地の医学校は、18世紀中葉になってはじめて設立された。最初のカレッジにはフィラデルフィア大学医学部（1765）やキングズ・カレッジがあった。
　植民地の医者とイギリスの医者の主な違いは、ひとつには植

図202 アメリカの軍医（1770年代）
黒の細幅テープで縁取りされ、鍔が巻き上げられた帽子、白い亜麻布製の襞飾り［ruffle］付きのシャツ、胴にぴったりした銀ボタンの付いたシングルの打ち合わせのコート、黒いブリーチズ［breeches］、白い絹の靴下、銀のバックル、銀のにぎりの付いた杖、白くて後ろが広く肩まで垂れた「医者の鬘」という装いである。
出典：Copeland, *Everyday Dress of the American Revolution*.

民地の医者たちが、イギリスの医者よりも総合的な医療をおこなったことにある。すなわち、大まかにいってイギリスでは内科医、外科医、薬剤師が、それぞれ個別の医療分野を形成していたのに対して、アメリカでは医者は三つのすべての機能を遂行したのである[1]。

医学の場合と同じように、植民地独自の法学校は1750年過ぎまで見られなかった。最初の法律の講義がおこなわれたのは、1779年のウィリアム・アンド・メアリーにおける講義であった。1780年代と1790年代にリッチフィールド、コネティカット、キンダーブルック、ニュー・ヨーク、ペンシルベニアおよびコロンビアに法学校が設立された。

宗教に関して言えば、18世紀の間に長老派教会、ダンカー派、モラビア派、メソジスト派、シェーカー派、同仁教会派、ドイツ改革派など、多くの分派が新たに植民地にやってきた。英国国教会、ルーテル教会、バプテスト派、クエーカー派、会衆派、メノー派、オランダ改革派は既に1600年代からその基盤を確

立していた。法律や医学の場合と同様に、18世紀の最後の四半世紀ころになると、いくつかの神学校が設立され盛んな活動を始めた。ニュー・ジャージー州のブランズウィックに設立されたのは、こうした神学校の最初のひとつである。

衣裳

本章で取り上げた職業では、他のあらゆる中産階級の人びとと同じように、たいていこの時代のスタイルに装っていた。

医者

医者たちは暗い色、それも多くは黒で仕立てられた地味なスーツを愛好していた。他の「知的職業」の人たちと共通して、医者たちは、通常、「医者用の鬘」を被っていた。この鬘は白くて、毛がふさふさしており、時には短い弁髪がついていた[2]。18世紀後半の典型的な医者の装いは黒のビロードのスーツ、襞飾り［ruffle］のついた白い亜麻布製のシャツ（shirt）、後ろが肩の下まで垂れた鬘、鍔が巻き上げられた帽子というものであった。18世紀後半までは中産階級のどの紳士にも見られたのだが、医者は刀剣を携え、金や銀のにぎりのついた杖を愛好した。彼は外出する時にはマフ（muff）をつけ（これは18世紀中頃の中産階級のもうひとつのきどりであった）、銀のバックルの付いた靴をはいていた。田舎の医者の装いは、このような見事に仕立てられた優雅な装いとは比べものにならなかった。彼らの衣裳は暮らし向きの良い農民の衣裳に近いものであった。

アレクサンダー・ハミルトン博士は1774年に、アメリカの医者についていささか興味深い描写を残している。「その他の人びとの中にひとりの医者がいた。彼は背が高く痩せた男で、その衣裳以外にはこれといった目立つものは何もなかった。彼は風雨にさらされた傷んだ黒い鬘を被り、縞柄の古いキャラマ

図203　アメリカの民事法博士（1790年代）
彼のローブの色はおそらく黒であろう。垂れ衿を付けて着られたこの公式のアカデミックなガウンは当時の英国国教会の聖職者のガウンと大差ない。アメリカ合衆国の初代最高裁判所長官のジョン・ジェーの肖像画は、これと類似したローブをまとった姿で描かれており、そのローブは黒の絹製で、赤いサテンの見返しが付き、白で縁取りされている。
出典: McClellan, *Historic Dress in America*.［著者画］

ンコ［calamanco］のバンヤン［banyan］を着て、右足首には古めかしい真鍮の拍車を付け、留め紐で結ばれた底の厚い靴をはいていた[3]」。多くの医者は鬘の流行が既にすたれてからかなり経った19世紀になってもまだ鬘を被っていた。

　イギリスの薬剤師たちは、当時の中産階級のファッションに装っていた。彼らの作業衣には肉屋が着用していたような青いエプロンや汚れを防ぐための腕カバーが付け加えられることもあった。

法律家

　イギリスの法律に関する職業の人びとは法廷では独特の衣裳をまとっていた。このような慣習はアメリカに伝えられた。他のいずれの国でも裁判官は緋色のガウン（gown）を着用し（このガウンは元来、王座裁判所判事の身分を示すものであった）、弁護士は黒のローブをまとった。1787年にフィラデルフィア州議会の最高裁判所を訪れた人が、裁判官は鬘を被り、緋色のロー

第9章　知的職業人

図204　ロンドン市長と市会議員（1750年代）
市長は鬘［wig］を被っている。市会議員は、自髪であり、髪粉をふりかけておらず、両脇でカールし、後部で弁髪に結っている。市長の外套とウェストコート［waistcoat］は縁に刺繍が施されている。
出典：著者所蔵の作者不詳の版画.

ブをまとっていたと書いている。彼は、裁判長が帽子を被ったまま席に着いていたと驚いて注記している。開廷中に帽子を被るのは、それほど珍しいことではなかったようである。1777年〜1778年にペンシルベニアのハリスバーグで法廷が開かれた時にも、裁判長が帽子を被っていたと記録されている[4]。

儀式用ローブを着て正装した下級判事の姿は少なからず人びとの興味をひいた。ニュー・ヨーク市のある下級判事のだらしのない服装に仰天したこの著者による、1747年の軽蔑的な記述を見てみよう。

　　市会議員が脂じみたウールの帽子を被り、ぼろぼろのバンヤンを着、大げさなローブをまとって、裁判官の席に座り、あるいは立ったまま、救済を求めて彼のところへやってくる彼の法廷被後見人に5シリング6ペンス与える決裁を下している姿を見ると、彼らの学識と立派な態度に対しては、確かに最大の敬意を表すべきであると思われる。し

かし私は、このようなローブをまとった下級判事のうちのひとりが、ご馳走に美味な牡蠣と一服の煙草と一杯の強いビールが添えられさえすれば、髪粉をふりかけた鬘を被り、バンヤン姿のまま、法廷被後見人のひとりと、彼のその日のかせぎで夕食を共にしているのを目撃したことがある。私はファッションの奴隷となることを是とするものでも、また衣裳作りを私の生涯の仕事にするものでもないが、そもそも権威の衣をまとって公衆の面前に現れる人は、それ相応にきちんとした清潔な身なりでなければならない、と思うのだ——。私は敢えて次のように断言しよう。いかなる下級判事も、彼がうす汚れたシャツを清潔なシャツに替えたからといって、汚れた帽子の代わりに、髪粉をふりかけた鬘を被ったからといって、票を失ったことはかつてなかった[5]、と。

聖職者

植民地アメリカの種々の宗教の聖職者たちは、平日も安息日も、通常、聖職者用のカラーをのど元につけて、地味な黒のスーツを着ていた。彼らは説教壇でも街なかでもガウンやカソック［cassock］やサープリス［surplice］の使用を避けたのである。これらの宗教的なガウンに対する拒絶は、主として、これらが、嫌われたローマ・カソリックや英国国教会の臭いがあまりにも強かったことから来ている[6]。植民地時代の多くの説教のテーマは、説教壇での聖職者用ガウンの着用は悲しむべきことだということに集中していた（英国国教会やカソリックの聖職者が着ていた宗教的なガウンを描いた肖像画については、エリザベス・マクレアンの *Historic Dress in America*、308 〜 310 ページ参照）。

礼拝の式次第を守り、教会のアッシャーを務めることを任務

とする教区吏員は、伝統的な中産階級の装いをしていた。すなわち、鍔の巻き上げられた帽子、シングルの打ち合わせのコート、ウェストコート、そしてブリーチズという装いであった。

**図 205　二人のイギリスの裁判官
(1758 年)**
二人とも長いふさふさの鬘と、金糸で縁取りし、たっぷりした白い袖の付いたローブを身につけている。彼らのローブはウェストの部分がリボンで結ばれている。のど元には、聖職者と同じような垂れ衿が付いている。
出典：William Hogarth の「The Bench」(1758).

**図 206　英国国教会の聖職者
(1785 年)**
この黒くて、袖の広いアカデミックなガウンは、通常、簡素な黒いスーツの上に着用した。黒い円い帽子には黒いリボンが巻き付けられ、片側で結ばれていた。のど元に付けられた聖職者の垂れ衿は白であった。
出典：著者所蔵の John Kay による 2 枚の版画 (1785, 1798). [著者画]

第9章　知的職業人

図 207　イギリスの聖職者（1800 年頃）
彼は聖職者の垂れ衿を付けていない。簡素な黒のスーツを着て、たっぷりした「医者用の鬘」を被っている。
出典：著者所蔵の Abner Reed による版画（1808 年）．

図208 ロンドンのサフロン・ヒルとハットン・ガーデンズとイーリー・レンツの教区吏員（1750年頃）
金銀糸で縁取りされた巻き上げ帽、縁取りされたポケットの付いた、身体にぴったりした、シングルの打ち合わせのコート、膝の部分で結んだブリーチズを身につけている。外套には、カフスではなく、スラッシュの入った袖が付いている。18世紀前半に一般に用いられていた一種のネック・クロス [neck cloth]、あるいはクラバット (cravat) を装着している。
出典：著者所蔵の R. Grave による版画（年代不明）．

〈原注〉
1) Ver Steeg, *The Formative Years*, p. 241.
2) Cunnington, Lucas, and Mansfield, *Occupational Costume in England*, p. 305.
3) *A Gentleman's Progress: The Itinerarium of Dr. Alexander Hamilton, 1744* (Chapel Hill, N.C., 1948).
4) Elizabeth McClellan, *Historic Dress in America* (Philadelphia, 1904), pp. 335-339.
5) Singleton, *Social New York Under the Georges*.
6) Earle, *Two Centuries of Costume in America*, p. 415.

第10章
使用人

　18世紀になると召使を使っていたのは、必ずしも金持ちだけではなかった。自分自身の土地に住んでいる農民、そして、小商人や商店主さえもその家に少なくとも一人は召使を使っていた。このような労働力の供給源は数多くあった。大農場主や大商人たちは召使としての労働者や、イギリスから新たに一定期間年季契約奉公にきた移住者を購入することがよくあった。下層階級の人びとは召使として雇われた。また、多くの農園主や農場経営者は、彼らの抱えていた黒人奴隷たちのうちで最も利発な者を召使として使用した。

衣服
　小さな家では召使たちは主人からあてがわれた通常の労働者階級の服を着ていた。より大きく壮大な家では召使たちに仕着せを着せていた。これは中世からの慣習である。召使に与えられた制服としての仕着せは、機能的である場合もあり（台所で働く者の場合）、装飾的である場合もあった（従僕や御者の場合）。

図209 植民地の召使の少女（1775年）
彼女はスカーフを頭に結んで被り、1本の花を飾っている。肩に格子縞のショールをかけ、ボディスをおおっている。そして、ウェストのまわりに、つぎの当たった白い亜麻布製または木綿製のエプロン［apron］を結んでいる。大半の労働する女たちのように、彼女の衣服はたがなしで着用されている。
出典：Copeland, *Everyday Dress of the American Revolution*.

　金持ちの家の召使、とくに若い給仕の中には、派手で奇抜な服装をしている者がいた。仕着せは、通常、主人の紋章に使われている色彩で仕立てられた。ジョージ・ワシントンが彼の召使に緋色と白の衣服を着せていたのもその一例である。これらの色は彼の家の紋章に見られた色であった。

　金持ちの家の仕着せは、コート（coat）とウェストコート［waistcoat］とブリーチズ［breeches］から成り、すべて当世風に作られていた。それらは、特色のある模様や色のモールや縁取りで装飾されたりしていることが多かった。これは兵士たちに支給された衣服とほとんど同じスタイルであった。鍔が巻き上げられた帽子と、気候によって必要とあればオーバー・コートで召使の仕着せは完璧なものとなる。これらの衣服は時に、たいへん優雅であったので、よそから来た人の目には召使の地位について混乱を引き起こしかねなかった。当時のドラマの一つが、これを次のように表現しているのは正に当を得ている。「お仕着せですって？　ご主人様、奥様、私は彼を船長と見

第 10 章 使用人

まちがえましたよ。モールであんなに飾り立てているんですもの！ それに彼はふくらはぎまでもある靴をはいているのですもの！ その上、みごとな長い鬘を袋鬘に結っているんですもの！[1]」

1777 年のロンドンの新聞は「赤い羽毛と燃えるような色の靴下」をはいたダービー卿の従僕をオペラから飛び出してきた人物のようだと表現した。あるアメリカの観察者は、18 世紀末のイギリスで彼が見かけた仕着せのことを、次のように描写している。「彼らは衣服の縁だけではなく、あらゆる縫い目にモール（ブレード）を付けており、鍔の巻き上げられた大きな帽子のまわりには、銀や金の幅の広い縁飾りがあしらわれていた[2]」。この衣裳は 18 世紀の、グレート・ブリテンその他のヨーロッパの国々の飾り立てた連隊の一部に見られる横笛奏者や鼓手や楽手の衣裳とよく似ていた。仕着せと軍隊の制服のその他の類似点は、肩章であった。仕着せを着た一部の召使がこのような肩章を付けていた。18 世紀の大半を通じて、肩章は将校の記章であり、その制服の一部であった。召使の場合にも、兵士の場合にも、肩章は貴族に奉仕するという共通の起源をもっていた。

アメリカの一部の家庭では、黒人奴隷もやはり仕着せを着ていた。ジョージ・ワシントンが 1764 年にチャールズ・ロレンスに宛てた手紙の中で、彼の召使の仕着せについて、次のように記している。

> 同封の色と品質のウーステッドの粗毛で、赤いシャルーン［shalloon］の裏付きの仕着せのスーツを 1 着、下記のとおり作ること。コートとブリーチズは、平たい白くメッキしたボタンを付けて同じように仕立て、ボタンホールは同じ色のモヘアでかがること。コートには赤い粗毛の衿を付け、そのまわりを同封のものと同じような細いモールで

図210 イギリスの婦人の女中（1760年頃）
亜麻布製の帽子、コルセットの前部に紐を交差させて、前を開けたガウン、そして翼状のカフスを身につけている。
出典：James McArdell の「Pride」, C. A. Coypel の絵の模写（ロンドン，1760年頃）; M. C. Salaman, *Old English Mezzotints*（ロンドン，1910）. ［著者画］

縁取ること。コートには、同色のカフスを付け肘まで折り返し、その部分にモールを付けること。赤い粗毛製（ウーステッドの粗毛でもよい）のウェストコートを作り、衿と袖に付けたのと同じモールを付けること。このスーツは送付した最も大きな寸法で作り、請求はジョージ・ワシントンにすること。また、もう1着、別の寸法の仕着せを、上記のものとまったく同じように、同じ色の粗毛で作り、モールを付けること。ただし、その代金はマスター・カスティスに請求すること[3]。

植民地の貴族たちは彼らの家族や召使のために必要な、ほとんどすべての衣服をグレート・ブリテンに注文した。ワシントンは1757年付のメアリー・ワシントン（Mary Washington, 1708〜1789）に宛てた手紙で、次のように述べている。

　私は今まで、グレート・ブリテンから私の黒人の衣服が

第 10 章　使用人

図 211　ドイツの下女（1790 年代）
亜麻布製の帽子、ショート・ガウン、首に巻いたスカーフそしてエプロンという恰好をしている。
出典：著者所蔵の I. F. de Goetz による版画（1797）.

到着するのを期待して待っていました。だが、季節は移り、危険が彼らに迫っているので、もうこれ以上待っていられません。そこで、私はあなたに、約 250 ヤードのオズナブルグ、200 ヤードの木綿、35 足の格子柄の靴下と必要なだけの糸を、もしルイスが持っていれば彼の店で、もしなければジャクソン氏の店で選んでくれるよう、そしてジョンを二輪馬車とともにそちらにやるので彼に託して送り届けてくれるようお願いしたいのです[4]。

　いかなる類の布もほんのわずかしか供給できなかった物資の欠乏した戦争中でさえも、ワシントンは植民地軍の司令官として、彼の召使たちに仕着せにいくらかでも近い衣服を着せようとした。1777 年 5 月にニュー・ジャージー州のモリスタウンから、カレブ・ギブス（Caleb Gibbs）に宛てた手紙の中で、彼の召使のウィルと馬丁用の衣服を作るのに必要な布と縁飾りの入手を依頼した。「2 着のウェストコートとブリーチズを十分

193

図212　フランスの女中（1740年頃）
白の亜麻布製の帽子、白のブラウス、明るい茶色のスカート、そして、緑のエプロンを身につけている。彼女の靴の裁断は、18世紀初期の古いスタイルである。
出典：Chardinによる「La Pourvoyeuse」と題する油絵（1740）．ルーブル美術館．［著者画］

作れるだけのロシア・ドリル（Russia drill）を入手して下さい。コートは、材質は何でもよいのですが、明るい色の布で作り、赤いシャルーンで裏打ちします。これに付けるケープ用の赤い布も少し必要です[5]」。

　植民地の金持ちの家の召使たちは、その家が、1731年にニュー・ヨークのモンゴメリー知事の死に際して売却に出された家財を手に入れようとしたような金持ちであった場合には、仕着せを着て、鍔の巻き上げられた帽子を被っていたであろう。売却された品物の中には「最近、仕着せ用にロンドンからもたらされた高価な布や素晴らしい縁飾りの付いた白いカーテン地や広幅の金モールがあった[6]」。

　イギリスとアメリカの裕福な家族は、執事と側仕えの従者と女中の他に、少なくとも二人の従僕と、御者と左馬御者を雇っていた。その家族が非常に裕福な場合には、従僕と御者と左馬御者も仕着せを着、鍔の巻き上げられた帽子を被っていた。ベドフォード公は、彼の左馬御者の仕着せのために、1着につき

第 10 章　使用人

図213　流し場で働くフランスの少年（1738年）
白の亜麻布製の帽子、ウェストで結んだ大きな
エプロン、そしてバックル付きの靴という服装
である。
出典：Chardin による「The Cellar Boy」と題する
油絵（1738），ルーブル美術館．［著者画］

ほぼ5ポンド（当時の熟練労働者の約2カ月分の賃金に相当）の金
をかけた。彼らは銀糸やビロードのモールで豪華に飾られ、金
ボタンの付いたオレンジ色の制服を着ていた。18世紀後半には
御者たちは、彼らの仕着せの一部として「ラップ・ラスカル」
（wrap rascal）と呼ばれたシュルトゥー［surtout］・コートを
着用していた。このコートには雨を防ぐための何枚もの重なっ
たケープが付いていた。御者、少年馬丁、馬丁助手、左馬御者、
馬丁には、馬小屋で馬の世話をする時に着る亜麻布の上っ張り
が支給された。汚ない荒仕事をする召使は皆これを着たのであ
る[7]。しかし、御者や左馬御者とはちがって、少年馬丁や馬丁
助手、馬丁には、仕着せが支給されることはなかった。彼らは
普段着には、簡素なゆったりした茶色のジャケットや丈の短い
上衣、ブリーチズ、ゲートル、ウェストコート、円い縁付きの
帽子［hat］か縁なし帽［cap］を着用していた[8]。

　最もこった恰好をしていた召使は、主人の馬車の前を走る
ことを任務とする従僕であった。1760年代のアイルランドのこう

した従僕は、白いジャケット [jacket] に青の絹製のサッシュを締め、ビロードの縁なし帽を被り、長い杖を携えていたと記されている。1730年のイギリスの従僕は「上質のオランダ製のズボン (drawers) とウェストコート、銀糸の縁飾りが施された青のサッシュ、大きな飾りの付いたベルベットの縁なし帽、大きな銀のにぎりの付いた門衛の杖」、という装いであった[9]。「上質のオランダ製のズボン」とは、船乗りたちがはいていたような亜麻布製のペティコート・トラウザーズ [petticoat trousers] であった。このズボンは18世紀を通じて、主人の馬車に従った従僕の制服の一部であった。

「上級」の召使――執事や側仕えの従者たち――は仕着せではなく、主人の衣裳と同じような紳士の衣服をまとっていた。1780年にニューカスル公を訪れた人が、次のように述べている。「仕着せを着ていない10～12人の召使たちが、我々の世話をした。そのため、部外者には客と召使たちを区別するのは、当然、むずかしかった[10]」と。しかしながら、彼らの衣服は、一般に伝統的なものであって、最新のものではなかった。たとえば、上級の召使たちは鬘を、その流行のずっと後になって被ったのである。

女の召使たちは仕着せというよりは、むしろその家での彼女たちの地位に従った服装をしていた。このような慣習はまた、混乱を引き起こした。1725年、ダニエル・デフォー (Daniel Defoe, 1659?～1731) は「友人の家を訪ねた時、婦人たちに挨拶するよう求められ、女中が最高の装いをしていたもので、何と女中に接吻してしまい、ひどく赤面した」ことについて述べている。「このような事態は、女中が従僕のように仕着せを着ていれば、避けることができたでしょうに。あるいはまた、彼女たちの地位にふさわしい服装をするよう強制されていれば、避けることができたでしょうに[11]」。多くの大邸宅では女中や

第 10 章　使用人

図 214　若い黒人奴隷の給仕（イギリス、1740年代）
羽毛とビーズで装飾されたターバンと首のまわりの彫刻を施された銀製の首輪——これは奴隷身分を示す装飾バッジである——という服装をしている。彼の衣服は、彼が仕えている家族の色彩を使った召使用の仕着せである。コートのボタンホールは金属光沢をもったモールで刺繍されている。肩の背部にリボンを結んでいる。シャツは上等のオランダ産の亜麻布で、のど元に襞飾りがあしらわれている。
出典：Copeland, *Everyday Dress of the American Revolution.*

　侍女が女主人と全く同じように立派な服装をしていることもよくあった。彼女たちも絹のペティコート、キャンブリック［cambric］の被りもの、上質のオランダ製の亜麻布、絹製あるいは木綿製の靴下という服装をしていた。ある女中頭が紐で結んだモブ・キャップを被り、装飾を施したエプロンをつけている姿が 1745 年に描かれている。これは正に上層階級の婦人が家にいる時の服装である。

　田舎の女中が金持ちの家に奉公すると、どのように変身するかについて、再度、デフォーの記述を見てみよう。

　　彼女のこざっぱりしたなめし革の靴はハイヒールの紐締めの靴に変わり、紡ぎ糸製の靴下は、絹の刺繍飾り［clock］が施された上質の梳毛織物の靴下となる。彼女の木のサンダルは脱ぎ捨てられ革張りの木靴［clogs］となる。彼女はたがもつけなければならない。……そして、彼女のつましく貧弱なリンジー・ウールジーのペティコート

197

図215　マウント・バーノンの奴隷の従僕（1765年）
彼のコートはオフ・ホワイトで、赤いカフスと衿が付いている。ブリーチズ［breeches］は白で、ウェストコート［waistcoat］は赤である。コートには赤い裏が付いている。ウェストコートとカフスと衿は赤と白で縁取られている。靴下は格子縞模様で、靴とブリーチズの膝の部分には、粗末なバックルが付いている。円い帽子は巻き上げられ、白いテープで縁取られている。コートには内ポケットは付いているかもしれないが、外ポケットは付いていない。

出典：Copeland, *Everyday Dress of the American Revolution*.

は、4～5ヤード幅の上等の絹のペティコートにと変わるのである。

　イギリスの女中の典型的な衣服は、いくらかおとなしいものであった。すなわち、梳毛織物製のペティコートに、キャラコ製、あるいはリンネル製のフロック、丈の長い白いエプロン、モスリンのスカーフ、リボンで縁飾りをしたモブ・キャップ、スペイン製の革靴という服装であった。フロックの裾はくるぶしのすぐ上までであった[12]。

　植民地アメリカのより小さな家では、召使はずっと控え目な服装をしていた。典型的な服装は、鹿皮のブリーチズとフランネルのシャツ、ジャケット、縁付きの帽子または縁なし帽、ウェストコート、靴と靴下、それにおそらくスカーフとから成っていた。もちろんこれは当時の労働者階級の典型的な服装でもあった。それゆえ、そのような召使は街の労働者と区別がつかなかった。植民地の女中の服装については、ペンシルベ

第10章 使用人

ニア・ガゼット紙（1773）の広告に、次のように記されている。

> クリスティアーナ・ボール——本人は短くケイティーと言っている——という名のイギリス人女中が当方より逃亡。年齢は20歳前後、肌は褐色で、眼は黒く、髪は最近短くカットし、やや猫背ぎみ。彼女の衣服は至って平凡なもので、褐色地のペティコートに、粗末なシフト、縞のキャラコのショート・ガウンである。

一般に、イギリス人の召使は、ヨーロッパ大陸から連れてこられた召使より劣っていると見なされていた。その第一の理由は、イギリス人は非常に独立心が強いので、容易に奉公に順応することができなかったことにある。このような独立精神は、彼らのイギリスでの経験から来ている。イギリスでもし主人が召使を打った場合、その召使が主人を殴り倒すことも十分あり得るということは以前から注目されている。また、イギリス人女中は、その女主人と同じモードの衣服を着、同じように楽しみたがった。18世紀を通じて植民地の新聞にイングランド人とスコットランド人とアイルランド人の名前が多く出たということから見ても、年季契約奉公人として植民地にやってきたイギリス人は、旧世界にいた時と同じように、新世界での奉公の仕事には向いていなかった。

図216 マウント・バーノンの黒人の召使(1790年代中頃)
ワシントン家の仕着せを着たこの召使は、当時のダブルの打ち合わせの直線的なウェストコートを着用している。コートの上衿［cape］は大きく、袖口には小さなぴったりしたカフスが付いている。コートとウェストコートは明るい色である。ウェストコートの裏とコートの上衿とカフスは赤である。
出典：Edward Savage による「The Washington Family」と題する油絵(1796)，国立美術館（ワシントン D.C.），Albert Haarman の好意による．［著者画］

第10章　使用人

図217　カンバーランド公の黒人の召使い（1760年頃）
金色の縞模様に刺繍が施された白いターバン、緑のカフスと裏の付いた深紅のコート、緑のウェストコートとブリーチズという服装である。
出典：Paul Sandby による水彩画．A. P. Oppe, *The Drawings of Paul and Thomas Sandby in the Collection of His Majesty the King at Windsor Castle* 収載．［著者画］

図218　イギリスの従僕（1792年）
暗色のカフスの付いた明色のコート、モールで装飾されたコート、上等の亜麻布製の襞衿の付いたシャツ、のど元のネック・クロス［neck cloth］という服装である。ウェストコートとブリーチズは暗色で、おそらくコートのカフスと同じ色であろう。靴下は白で、靴はバックル付きである。髪はカールされ、髪粉がかけられている。
出典：de Wilde による「Dumps the Footman」と題する著者所蔵の版画（ロンドン，1792）．

図219 メリーランド州のカルバート家の奴隷の下男（1761年）
カルバート家の仕着せを着て、コートとベストと黄色い布製のブリーチズを着用している。コートの上衿とカフスは黒で、コートとベストの縁は黄色と黒のモールが施されている。
出典：John Hessallius による「Charles Calvert and Negro Servant」と題する油絵（1761），Mrs. C. C. DeCato の好意による，ボルティモア美術館．[著者画]

図220 ラファイエット侯の下男（1781年）
この下男の服装は当時の軍服の変型である。黒と白のダチョウの羽根が飾られた円い帽子、金属光沢をもったモールで縁取りされたシングルの打ち合わせのジャケット、白い亜麻布製のクラバット、縞模様のサッシュ、騎兵のズボンのように足にぴったりとフィットしたゲートルをすねに当てたズボン、当時のドイツとオーストリアの軍隊が着用していたものと類似した紐締めの、丈の短いブーツという服装である。
出典：「Conclusion de la Campagne de 1781 en Virginie」と題する版画．*Les Combattants Français de la Guerre Americaine, 1778-1783* 収載，外務省発行（パリ，1903）；Jean-Baptiste le Paon による「Marquis de Lafayette at Yorktown」と題する絵画（1783）．[著者画]

第 10 章　使用人

図221　仕着せを着たイギリス人馬丁（1798年頃）
衿とカフスの縁をモールで縁取った丈の長いシングルの打ち合わせのコート、白いバンドと黒い花形帽章をあしらった黒い帽子、ウェストにまわした革製のベルトという服装で、肩にかけた紐に狩猟用の角笛を下げている。彼はブーツをはき、拍車を付け、乗馬用の鞭を手に持っている。
出典：George Stubbs による「Charger with a Groom」と題する油絵（1798），メロン・コレクション（ワシントン D.C.）．［著者画］

図222　イギリスのニューカスル公に仕えるフランス人シェフ（1750～1755年頃）
頭に結んだスカーフ、黒のネック・クロス、白のジャケットとエプロン、ブリーチズと靴下という服装である。
出典：「Cloue, Chef to the Duke of Newcastle」と題する版画．*Horizon*（1958年11月）：57．［著者画］

203

図 223　イギリス人少年馬丁（1760年代）
白い亜麻布製のシャツ、格子柄のウェストコート、革製のブリーチズ、そして黒い靴下という服装である。
出典：George Stubbs による「Gimcrack」と題する油絵（1764）．［著者画］

図 224　二人のフランス人庭師（1794年）
熊手を持った男は白い亜麻布製の帽子、シャツ、裾がまっすぐに裁断された、裾布の付いていない白い内着のウェストコートという服装である。明るい茶色の外着のウェストコートは短い裾布付きで、袖なしである。ズボンは薄いブルー・グレーである。もうひとりの庭師は、白い円い帽子と白い亜麻布製のシャツと短い裾布の付いた薄い茶色のウェストコートと薄いブルー・グレーのズボンという服装である。
出典：Jean Baptiste Hilair による「Le Jardin des Plantes」と題する水彩画（1794），国会図書館（パリ）．［著者画］

第10章 使用人

〈原注〉

1) George Farquhar, *The Beaux Stratagem* (1707).
2) Cunnington, Lucas, and Mansfield, *Occupational Costume in England*,
3) Fitzpatrick, *The Writings of George Washington*, Vol. 2.
4) Ibid., Vol. 2.
5) Ibid., Vol. 3.
6) Earle, *Two Centuries of Costume in America*.
7) Cunnington, Lucas, and Mansfield, op. cit.
8) Ibid.
9) *Weekly Journal* (London, 1730).
10) Cunnington, Lucas, and Mansfield, op. cit.
11) Ibid.
12) Ibid.

第 11 章
年季契約奉公人と奴隷

　17世紀における経済成長は安価な労働力に対する需要を生み出した。このような需要は、白人年季契約奉公や黒人奴隷といったさまざまな形態の自発的なあるいは不本意な隷属によって充足された。初期には大半の年季契約奉公人は南部の植民地へやってきた。1664年から1671年の間にバージニアだけでも総計10,500人の年季契約奉公人が移住しており、1700年の時点では、メリーランドにはこれと同数の年季契約奉公人と奴隷がいたと推定されている。新大陸への白人移住者のうちの半数もが、このような隷属的身分の者であったと思われる[1]。18世紀になってはじめて、南部植民地の主たる労働力供給源が年季契約奉公人から奴隷へと変わった。この頃には年季契約奉公人は中部植民地に入植し始め、彼らはそこで年季奉公を終えると、より安価な土地を得る機会にも恵まれた。

　年季契約労働者の供給源はいくつもあった。その一つは貧乏人（ドイツ人の場合が多かった）で、彼らは労働契約なしに、アメリカの植民地にやってきて、新世界への渡航費用を支払う

図225 ペンシルベニアの奴隷（1730年）
この逃亡奴隷は「新しいオズナブルグ [oznabrug] 製のシャツと縞模様のホームスパンのブリーチズ [breeches] と縞模様のティッキング製のウェストコート [waistcoat] と、ボタンまたは真鍮にはめこまれた馬の歯と布製の袖の付いた彼の主人のお古のディミティー [dimity] 製のコートと、ほぼ新品のフェルト [felt] 帽」という服装に描かれている。
出典: *Pennsylvania Gazette* 紙, No.91 (1730年8月). [著者画]

代わりに、何年間も奴隷として働いたのである。時には、親戚や友人が彼らの渡航費をもってやってきて、無償渡航移住者の身分から解放されることもあったが、多くはアメリカへ渡る旅費の支払いのために、年季契約奉公に身を売らなければならなかった。もう一つの労働力源は、アメリカへ渡る旅費を支払うことができないために、イギリスを離れる前に、年季奉公契約に署名した人びとである（スコットランド人やアイルランド人が多かった）。無償渡航移住者は、アメリカの港に入った船の甲板上でひとたび年季契約を結ぶと年季契約奴隷となり、黒人奴隷のように、その主人の財産となった。

　新世界に無償渡航移住者を一人運ぶのにかかる通常の経費は、およそ10ポンドであったが、船長は、男性あるいは女性渡航者の身につけている技能によって、15ポンドから多い場合には40〜50ポンドもの額で彼らを新しく主人となる者に売ったのである。船長はこのようにしてかなりの利益を得、一方、新しく主人となった者は、住居費、衣服費、食費のほかには何の経

第11章　年季契約奉公人と奴隷

費もかけずに、少なくとも4年間は使える労働力を手に入れたのである[2]。

囚人たちも年季契約労働者の供給源のひとつであった。その大半はイギリスの罪人で、彼らは植民地での奴隷身分か、母国の刑務所での苛酷な処刑（絞首刑となることも多かった）のいずれを取るかの選択を迫られた。これらの囚人は、重罪人であるか、あるいは、たとえば1745年のジャコバイトの反乱に参加したかどで流刑に処せられたスコットランド高地人一家のような政治犯であった。18世紀の間に4万人から6万人の重罪人が、アメリカの、主にメリーランドとバージニアとジョージアに移住した。これらの犯罪人は、最低7年、最高14年間の植民地での奴隷として売られた。

また、アメリカ植民地のための労働力を確保するために誘拐もおこなわれた。誘拐の常套手段は、船乗りの下宿屋をやっていた海辺の「誘拐周旋業者」の手口と似たものであった。犠牲者は酒をしたたかに飲まされ、意識不明のうちに船に乗せられ、植民地に着くと同時に売り飛ばされた。数年の間に1万人から1万5,000人の男女、子供がこのようにしてアメリカに連れてこられたようである。

年季契約奉公人の隷属状態は奴隷のおかれていた状態よりもはるかにましであった。通常、年季契約奉公人は焼印を押されなかったし（奴隷はよく押された）、奴隷たちがさせられたような畑での骨の折れる労働も強制されなかった。また、彼の労働契約をその子供が引き継ぐこともなかったし、奴隷よりも良い食事や衣服をあてがわれた[3]。もし、彼が主人のもとから逃亡するとなれば、奴隷よりも逃亡の機会にずっと恵まれていた。年季契約奉公人は、いつの日か必ず自由の身になれると期待することができ、年季が明けた時には、通常、土地をもらえると期待できた。また、多くの場合、年季満了時にいくばくかのお

図226 年季契約奉公人（1730年）
やはり逃亡奴隷であるこの人物は、「白い金属製のボタンと長いポケットの付いた暗色のブロードクロス[broadcloth]製のコートと、縞模様のティッキング製のジャケット[jacket]とブリーチズ」を身につけている。
出典：*Pennsylvania Gazette* 紙，No.99（1730年10月）．[著者画]

金や物が約束されていた。だが、彼らは、これを手にするために、たびたび非常につらい思いをしなければならなかった。年季契約奉公人10人のうち、たった1人しかその土地に住むことができなかったと推定されている。中には商売を始める者もあったが、そのほかの連中は、契約期間中に死亡したり、ヨーロッパへ戻ったり、堕落して乞食になったり、貧乏な「プア・ホワイト」になったりした[4]。

　イギリスやアメリカで実施された徒弟奉公制度も隷属形態のひとつであった。この制度の下では、子供たち——一般に、貧乏人や孤児たち——は、商売や技術を学ぶために、親方職人の元へ奉公に出された[5]。徒弟奉公契約は、年季奉公契約の場合と同様に過酷であり、奉公人を拘束するものであった。通常、期間は7年間で、親方は、その間に徒弟奉公人に食事と衣服と住まいを提供し、技術を教え、初歩の教育を施すこと、少なくとも読み書きを教えることに同意した。徒弟奉公の期間が満了すると、親方はやはり「年季満了金」を少年に支払うこと

第11章　年季契約奉公人と奴隷

図227　フランス領西インド諸島の二人の奴隷（1760年代）
ここに見られる奴隷たちは木綿のブリーチズをはいているだけである。これは18世紀を通じて、西インド諸島の奴隷用の通常の労働着であった。
出典：Diderot, *Diderot's Pictorial Encyclopedia of Trades and Industry*. ［著者画］

になっていた。通常、少額の金と一揃えの衣服であった。当時、徒弟奉公制度は高い水準の技能を維持するのに役立つと考えられた。7年間の徒弟奉公期間が満了すると、少年は、通常、一人前の職人として独立するか、さもなければ親方の使用人になった。このような制度を最もよく活用した職人は、鍛冶屋、靴屋、大工、船大工、仕立屋などであった。

　前にも述べたように、最初の黒人奴隷が植民地にやってきたのは1619年のことであったが、奴隷制度が新世界に根づくのは18世紀になってからである。17世紀を通じて、多数の奴隷が、単に南部のみならず、北部植民地にもいた。事実、ニュー・イングランドの多くの港湾都市はバージニアと同じくらい多くの奴隷人口を有していた[6]。ニュー・ヨークの奴隷人口は北部最大で、その大半は内陸の大農園で働いた。しかしながら、ひとたびプランテーション経済が南部に拡大し、奴隷制度が高利益を生むようになると、南部植民地では奴隷の方が多くなった。たとえば1720年には、サウス・カロライナには白

211

図228 サウス・カロライナからの逃亡奴隷(1776年)
「オズナブルグ製のシャツとニグロ・クロス製の黄色く染められたブリーチズと、赤い帽子と、片方が赤でもう片方が白のブーツ［boots］」という服装である。
出典：*South Carolina General Gazette* 紙，No.918（1776年5月8日）．［著者画］

人よりも多くの奴隷がいた。早くも1712年に、奴隷は南部の総人口の30パーセントに達した[7]。北アメリカに送られた奴隷の大半は、直接アフリカから来たのではなく、西インド諸島の市場を介して送られてきたのである。

18世紀初頭までには、奴隷がこうしてアメリカにいつくようになってきたため、その身分が法的に定められ、次のように宣言された。すなわち、奴隷には何の法的権利もなく、奴隷とその後継者は、永久に奴隷身分とし、逃亡奴隷は厳しく処罰する、と。農場経営者には、奴隷に食事と衣服を与え、技術を教え込むことが要求された。技術を身につけた奴隷が技術をもたない自由人を南部から中部の植民地へと追いやったのはこの頃のことであった。18世紀末になると、奴隷制はそれまでのような経済性を失い、奴隷暴動や反乱が頻発する恐れが出てきた。それにもかかわらず、奴隷制度は南部では19世紀まで存続した。この頃には綿花や砂糖の生産に伴って、再び奴隷制度の有効性が増大したためである。

第11章　年季契約奉公人と奴隷

衣服

　奴隷や年季契約奉公人や徒弟奉公人は、当然のことながらできるだけつましい服を着せられていた。ここでもまた逃亡者の記事によって、当時の衣服の一断面を十分窺い知ることができる。これらの隷属労働者たちがその職業（熟練工であることが多かったが）特有の衣服を着ていたと書かれていることはめったになく、逃亡者たちはふだんの作業着を着ていることが最も多かった。南部植民地では奴隷は、通常、「ニグロ・クロス」（negro cloth）あるいは「ニグロ・コットン」（negro cotton）を身につけていた。これは安価な白または無漂白の木綿で、時には染められていたり、縞模様のこともあった。年季契約奉公人や奴隷の衣服には、一般労働者階級の場合と同様に、ティッキング（ticking）や、安価な亜麻布、オズナブルグ地の目の粗い亜麻布が多く用いられた。

図229 サウス・カロライナの奴隷（1773年）
この藍のプランテーションの奴隷は、簡素なジャケットと白または未晒しの「ニグロ・クロス」製のズボンを身につけている。ジャケットとズボンのボタンはおそらく鉛製あるいは木製であろう。藍のプランテーションの労働者たちは通常、靴もはかず、帽子も被っていなかった。
出典：サウス・カロライナ州クレイブン郡の聖スティーヴン教会区の, Henry Mouzon による地図のカルトゥーシュ（1773）; William P. Cumming, *The Southeast in Early Maps*（ノース・カロライナ州チャペル・ヒル, 1958).［著者画］

第 11 章　年季契約奉公人と奴隷

図 230　サウス・カロライナからの女の逃亡奴隷（1776 年）
オズナブルグ製のジャケットと白いウール製のペティコート［petticoat］を身につけている。
出典：*South Carolina and American General Gazette* 紙（1776 年 3 月 27 日）．［著者画］

図 231　ニュー・ジャージーから逃亡した年季契約奉公人（1776 年）
「彼は、逃げ出した時には、ホームスパンの縞のジャケット、ピューターのボタンの付いた白地の厚手のジャケット下の上着、膝につぎの当った茶色のホームメイドのブリーチズ、白い帽子、首に巻いた黒いスカーフ、粗末なブラック・グレーの靴下、という服装をしていた」。
出典：*Pennsylvania Packet* 紙（1776 年 6 月 3 日）．［著者画］

図232 キャムデン・ゴールに連れてこられたサウス・カロライナの奴隷（1777年）
「青のブロードクロス製のコートと、ドイツ製のサージ［serge］のブリーチズと、藺の帽子を身につけている。」藺あるいは麦わらの帽子は、南部植民地ではごく当たり前のものであった。
出典：*South Carolina and American General Gazette* 紙，No.952（1777年4月10日）．［著者画］

図233 サウス・カロライナの奴隷（1777年）
格子柄のシャツと横棒縞のズボンと小さな円い帽子を身につけている。
出典：*South Carolina and American General Gazette* 紙（1777年8月14日）．［著者画］．

第 11 章　年季契約奉公人と奴隷

図 234　サウス・カロライナの奴隷（1780 〜 1790 年）
女は白いガウンとエプロンを身につけている。頭と首に巻いたスカーフは、白地で青の縞が入っている。男は白いバンド付きの黒い帽子と鉛のボタンが付いた暗青色のジャケット、明るい茶色のブリーチズ、明るい茶色のウェストコートという服装である。弦を張った楽器はモロのようである。これはひょうたん製のバンジョーに大変よく似たヨルバ族の楽器である。
出典：「The Old Plantation」と題する作者不詳の水彩画，サウス・カロライナ州コロンビアで発見．*Antiques*（1975 年 2 月）．［著者画］

図235 メリーランドからの逃亡年季契約奉公人（1774年）
当時の新聞は、彼らの衣服を次のように描写している。「2人ともオズナブルグのシャツとズボン、リンジー・ウールジーの横縞模様の細身のジャケット、新しいシャツと古びた靴という服装をしている」。
出典：*Pennsylvania Packet* 紙（1774年12月26日）．［著者画］

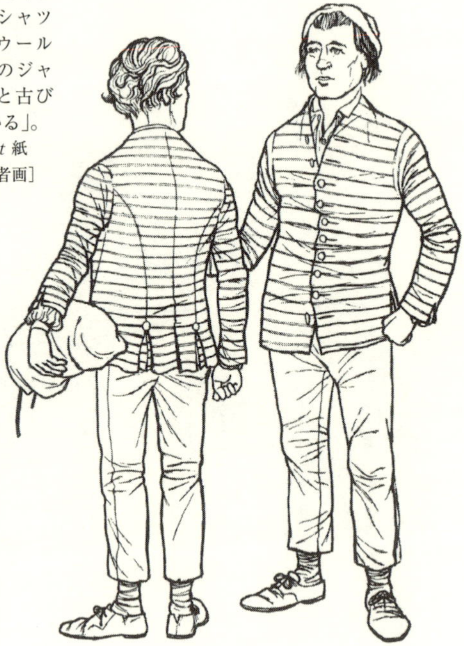

〈原注〉
1) Ver Steeg, *The Formative Years, 1607-1763*, pp. 188-189.
2) William P. Randall, *The American Revolution, Mirror of a People* (New York, 1973).
3) Ver Steeg, op. cit., p. 191.
4) Randall, op. cit.
5) Ver Steeg, op. cit., p. 196.
6) Ibid., p. 190.
7) Ibid.

第12章
犯罪人

　フレンチ・インディアン戦争によってもたらされた不況の結果として、18世紀中葉の後半には、植民地における犯罪が驚くほど増大した。犯罪件数は母国におけるほどではなかったものの、通貨の偽造、窃盗、強盗、追い剥ぎ、殺人が横行した。こうした犯罪行為のいくつかは、戦争終結時に失業し、そのまま犯罪を職業とするようになった船乗りや兵士や労働者や私掠船の乗組員によっておこなわれた。その他の犯罪構成分子は、多くの国の貧乏人であった。その多くは流刑された重罪人であり、彼らは、今や大挙して都市に移住し始めていた。イギリス当局は議会制定法によって、「浮浪者や身体が丈夫なくせに働かずに乞食をする者」を植民地へ向かう船に乗せることができた[1]。彼らの多くは新世界に着くと、また昔の癖を出したのである。
　通貨偽造は全ての植民地に共通する問題であり、当時の店主たちはこれを防ぐために常に警戒していなければならなかった。殺人や強盗もやはりあらゆる植民地の都市に広く広まった。海賊行為は世紀半ばまでには、かなり稀な犯罪となっており、

図236　イギリスの追い剥ぎ(1750年)
ここには「Golden Farmer」として知られた悪名高い追い剥ぎが、路上で貧しい鋳掛け屋から盗みを働いているところが描かれている。
出典：著者所蔵の J. Nichols による版画 (1750).

　ロード・アイランドのニュー・ポートで、1760年に海賊行為を働いたかどで二人の男が絞首刑になった時には、5,000〜6,000人の見物人が集まった[2]。追い剥ぎや強盗といった犯罪も相変わらず起こったが、これらの犯罪は、多数の兵士や船乗りが植民地の町に宿営していた植民地戦争の間の方がより頻繁であった[3]。

　植民地戦争中に全盛をきわめた売春も、世紀半ばになると、諸都市における重大な問題となった。港町の売春婦には、とりわけよく客がついた。1744年にはニュー・ヨークの砲台場が女を見つける恰好な場であったということが知られている。「ここが日没後その手の女たちがよく集まる場所」だったのである。どの植民地都市にも売春宿があった[4]。

　他の大都市同様、フィラデルフィアも1750年代に、とくに殺人、強姦、暴行、軽窃盗といったさまざまな犯罪を経験した。当時の残虐な刑罰——絞首刑、鞭打ち、手足の切断——も、犯罪を思いとどまらせるのに役立たなかったということは、興味

第12章　犯罪人

深いことである。あるフィラデルフィア人は、1758年2月、次のように述べている。「窃盗や些細な泥棒は、市中やその周辺では、今や日常茶飯事となっており、先週の土曜日には少なくとも8人が、厳しい季節であるにもかかわらず、二輪馬車の後に縛りつけられて町中を引きずり回された上、広場で鞭打ちの刑に処せられた[5]」と。罰は植民地によっていくらか違っていた。いくつかの地域では、重犯罪人はその罪によっては「さらし台に両耳をそれぞれ3本の釘で釘づけされ、爪が縦に切り裂かれた[6]」。

　犯罪人は意図して犯罪の道を選んだのであり、その不正は罰せられなければならないというのが18世紀の信条であったことを想起すれば、こうした処罰の厳しさも、今日の我々にもよく理解できよう。公衆の面前でおこなわれた処刑は、一般の住民にはよい効果をもち、犯罪の誘惑にかられた人を思いとどまらせるのに役立つと考えられた。犯罪人を社会復帰させたり、改心させるという考えは全くなかった[7]。ニュー・ヨークでは1749年以降「多くのごろつきや泥棒」が横行し、1753年までには、町は組織化された悪の中心となっていた。1775年、イギリス軍艦マーキュリー号に乗船していた兵曹のトマス・ピアソンが売春婦を殺害したという記録がある。彼は、彼女が商売の最中に彼の懐中物をすり取ったと主張した。この種の犯罪は植民地の港町では、むしろ一般的な出来事となった。

　18世紀を通じて、泥棒（そして貧乏人）も植民地で公の競売に付された[8]。貧しい人びとが売買される光景は、特に哀れであった、と記録されている。通常、競売は居酒屋でおこなわれ、住むところもなく悲しげな小集団——通常、年寄りや幼い子供たち——が、より高い値をつけたせり手に売り渡された。このような子供たちは「年季契約奉公の少年」「年季契約奉公の少女」として知られていた[9]。

図237 イギリスの武装した強盗（1808年）
強盗はタールを塗った丈の短いジャケットとズボンを身につけている。ベールが彼の顔をおおっている。
出典：著者所蔵の作者不詳の版画.

衣服

　追い剥ぎは、当時の最上流階級の凝った装いをしていることが多かった。その他の連中は、いろいろな職業の服装をしていた。たとえば、1818年に郵便馬車を襲撃した3人のアメリカの追い剥ぎについての記事では、襲撃者たちは「船乗りのズボン［trousers］とふっくらしたジャケット［jacket］を着、……二人は縁のある帽子を被り、もう一人は絹のネッカチーフを頭に結んでいた」と報じられた。

第 12 章　犯罪人

図 238　二人のドイツ人の囚人（1770 年）
二人とも足かせをはめられ、乗馬用の帽子を被り
ブーツ［boots］をはいた護衛に引き立てられている。
出典：著者所蔵の Daniel Chodowieckis による版画 (1770).

図 239　アメリカ人の馬泥棒（1776 年頃）
「黒い角製のボタンの付いた明るい色あいの外套、
赤味がかった混合色のアンダー・コート、黒のベ
ルベット製のウェストコート［waistcoat］——後
ろの部分は黒のキャラマンコ［calamanco］製——、
うす汚れた鹿皮のブリーチズ［breeches］、めっき
のバックル、襞衿付きのシャツ、白いネック・クロ
ス［neckcloth］、つけ毛の弁髪を付けた白髪まじり
の黒い髪という恰好をしている」。
出典：アメリカ独立革命期のニュー・ジャージー州の新
聞広告. ［著者画］

223

図 240　サウス・カロライナ州の馬泥棒（1777 年）
ロシアのカーキ色のブリーチズと白いシャツに縞模様のブルーと白のアッパー・ジャケットとアンダー・ジャケットという服装をしている。
出典：*South Carolina and American General Gazette* 紙, No.970（1777 年 8 月 7 日）．［著者画］

図 241　イギリス人の船乗りと売春婦（1785 年）
「金持ちの私掠船船長が無事港にご到着」——これは、この絵の出典となった版画の嘲笑的な説明文である。1785 年頃のイギリス人の船乗りが、上等に装った売春婦に連れ込まれようとしているところが描かれている。
出典：Robert Dighton による水彩画（1785 年頃），George, *Hogarth to Cruikshank*, p.66.［著者画］

第 12 章　犯罪人

図 242　イギリス人の売春婦（1780 年）
暗青色のガウン、白いエプロン、グレーの手袋、帽子には青と黄色のリボンという服装をしている。
出典：著者所蔵の Robert Sayer による版画（ロンドン）．[著者画]

〈原注〉
1) Barck and Leffler, *Colonial America*.
2) Ibid.
3) Ibid.
4) Bridenbaugh, *Cities in Revolt*.
5) Barck and Leffler, op. cit.
6) Ibid.
7) Ibid.
8) Ibid.
9) Earle, *Stage-Coach and Tavern Days*.

第13章
民族に固有の服装

　17世紀後半に始まり、18世紀になるとますますイングランド以外の国からも、クエーカー教徒、モラビア教徒、敬虔主義者を初めとする多くの宗派の人びとが大挙して新世界に移住してきた。非イングランド人の中にはドイツ人、スコットランド系アイルランド人、アイルランド人、スコットランド人、スウェーデン人、フランスのユグノーおよびウェールズ人がいた。新しい移民の大半は、フランスやスペインの植民地よりもイギリスの植民地にやってきた。というのも、彼らは、イギリスの植民地の方が土地が安いと聞いており、さらに重要と思われるのは、イギリス植民地は宗教的迫害からの避難所を提供してくれるものと考えたからである[1]。ここで重要なのは、これらの入植者の大半は下層階級の出身であり、そのため安価な労働力に対する需要が増大した時には、彼らがそれを支えたということである。

　ニュー・イングランドはその偏狭な宗教観で評判となっていたため、ニュー・イングランドへ向かった民族集団はほとんど

図243　ペンシルベニア州のクエーカー教徒 George Dillwyn（1738～1820年）
質素な無装飾の布製スーツと円い帽子。
出典：Amelia Mott Gummere, *The Quaker, A Study in Costume*（ニュー・ヨーク，1901）．［著者画］

なかったというのはうなずける。南部や中部の植民地が圧倒的な数の移民を受け入れた。たとえば、1770年までには、約25万人のドイツ人がアメリカへ移住してきていたが、そのうち約70パーセントはニュー・ヨークとペンシルベニアとニュー・ジャージーへやってきており、ペンシルベニアだけで、全体の50パーセントを占めていた。これとは対照的に、ニュー・イングランドへ向かったのは1パーセントにも満たなかった[2]。ドイツ人と同様に、スコットランド系アイルランド人、アイルランド人、スコットランド人もやはり、中部および南部植民地に引きつけられた。

　スコットランド系アイルランド人、スコットランド高地人およびスコットランド低地人は、後に山脈を越えて西部の奥地へと進出していった入植者たちの移住の波のかなりの部分を構成していた。スコットランド系アイルランド人よりも小さい集団ではあったが、スコットランド高地人は、1729年頃に相当数がアメリカに移住し始めた。大半はノース・カロライナへやって

きた。彼らはこの地のケープ・フィア渓谷上流にかなりの数の植民地を形成した。1745年の反乱失敗後に、さらに多くの移住者が植民地に集まってきた。イギリスはこの反乱終結時に、高地人の氏族制度を理不尽にも解体し始めた。カローデンにおける大敗北後、反乱を起こした氏族たちは、アメリカへ移住することに同意することを条件に、国王によって大赦を与えられた。彼らは熱狂的にこの申し出を受け入れた。その後何年にもわたって高地人が好んで歌った歌の一つは「ノース・カロライナに幸せを探しに行こう」であった。1746年以降は流刑人と赦免された反乱者たちから構成されるようになったが、このような移民は、アメリカ独立革命中も革命後も続いたのである。

　非イングランド人の移民たちは、総人口を大幅に増加させたばかりではなく、彼らはまた、新しい考えや慣習を導入し、新しい形の労働者階級を形成し始めた。このような階級を構成する人びと、とくに都市労働者たちは、独立のための長い戦いを通じて、反乱主義のもっとも果敢な擁護者となった。

衣服

クエーカー教徒

　クエーカー教徒の衣服は、小さな違いはあるものの、他のさまざまな宗派の衣服と似たようなものであった。クエーカー教徒、アーミッシュ、ダンカー派、敬虔主義者など、正統派キリスト教信者の大半は、地味で簡素な衣服を提唱した。そういうわけで彼らの服装の細部は、いつもこれらの規範に合致していた。このような類似性のゆえに、ここではクエーカー教徒の衣服をその代表的なものとして説明しよう。

　一般の人びとの考えに相違して、クエーカー教徒の衣服は、彼らが新世界に向けて出帆した時にイングランドで着ていた衣服と裁断や型の点では異なっていなかった。クエーカー教徒の

図244 クエーカー帽の4変種（18世紀後期）
どの帽子も巻き上げられていない。このうちの二つの帽子はループがたるみ、鍔の縁が垂れている。
出典：Amelia Mott Gummere, *The Quaker, A Study in Costume*（ニュー・ヨーク, 1901）.［著者画］

　衣服の特徴は、彼らの装いからあらゆる装飾、あるいは、ほんのちょっとした贅沢も排除されたことにある。したがって、飾り紐や羽飾りやレースは、一般に見られなかった[3]。装飾についてはこのような制限があったが、素材の質までは制限されていなかった。実際、クエーカー教徒の衣服は安物どころか、上流階級の衣服と同じくらい上等なものであることが多かった。

　男性は膝丈の広い裾の付いたコート（coat）と衿なしのウェストコート［waistcoat］を着、巻き上げられた鍔の広い帽子を被り、靴にバラ飾りを付けていた。鬘を被る者もあったが、それも流行の鬘ほど華やかなものではなく、一般には自毛を長く伸ばしていた[4]。初期の頃には、女性はプリーツの入ったふっくらとしたスカートをはき、ガウン（gown）の上から緑のエプロンをかけて、肘丈の袖の服を着、長い耳の付いた、あるいは円い耳の付いた縁なし帽や、カーディナル［cardinal］、カプチン［capuchin］、乗馬用フードといったさまざまなフードを被っていた[5]。後に緑のエプロン［apron］はより派手でファッ

第13章　民族に固有の服装

図245　クエーカー教徒（1787年）
大きな円い帽子とフリルやモールのついていない質素なスーツ。
出典：Grassett de St. Sauveur, *Costumes Civils Actuels de Tours les Peuples Connus*（パリ，1787）．［著者画］

ショナブルな色のものに、そして、乗馬用のフードや縁なし帽はモダンなクエーカー教徒のボンネット［bonnet］——クラウンの低い大きな皿状の白いビーバー帽（beaver hat）で、顎の下でリボンで結んだ——にとって代わられた。

　正統派のクエーカー教徒は変化してゆく衣服の型には追従しなかった。しかしながら、よりファッショナブルな社会で生活していた多くのクエーカー教徒は、新しいモードに屈伏した。ニュー・ジャージー出身のあるクエーカー教徒はそのような逸脱を嘆き悲しみ、その社会的影響力を恐れた。「帽子を後ろを浅く被った若い男たちは、次には髪を後ろで結ぶためのリボンを付けるようになるだろう。ペンシルベニアの少女たちは衿元を黒いリボンで飾っている。何とも悲しむべき光景である[6]」。

オランダ人

　世紀半ば頃にはニュー・ヨーク市は真にコスモポリタン的な港町となりつつあり、オランダ語とオランダ人の慣習はすでに

図246　ノース・ネザーランドのオランダ人女性（1700年頃）
髪は短く刈られ、幅の狭いエプロン［apron］をかけている。
出典：Oakes and Hill, *Rural Costume*. ［著者画］

用いられなくなっていた。しかしながら、ニュー・ヨーク州の地方都市では、荘園的土地所有制度は革命時まで依然としておこなわれていた。また、オランダ語もいくつかの郡では使われていた。服装に関してはアレキサンダー・ハミルトン博士の1744年の記述がある。「［オルバニーの］婦人たちは一般に、老いも若きも私がかつて見たなかで、最も好感がもてる。年配の婦人たちは円錐形の被りものに、大きなペンダント、短いペティコート［petticoat］という装いをしている[7]」。

ドイツ人

　18世紀までは、ドイツ人労働者たちの一般的な服装は、イギリス人の服装とそれほど異なってはいなかった。しかしながら、農村地帯からやってきたドイツ人農民の服装は、典型的なアメリカ人の衣服とは明らかに異質なものであった。

第13章 民族に固有の服装

図247　オランダ人の商人（1762年）
帽子と丈の短いジャケット［jacket］とたっぷりしたブリーチズ［breeches］は18世紀のオランダの田舎の人たちのものと類似している。
出典：William Hogarth による「The Times」、図版1（1762）；Oakes and Hill, *Rural Costume*.［著者画］

ウェールズ人

　ウェールズ人の女性の服装は男性の服装と比べると特徴的であった。男性が通常の労働者階級の衣服——コートまたはジャケット［jacket］、ブリーチズ［breeches］およびウェストコート——を着ていたのに対して、ウェールズ人の女性は目の粗いスカイ・ブルーの亜麻布の服と同色のウーステッド［worsted］の靴下を身につけていた。イングランドの下層階級の人びとがそうであったように、特に農村地帯では、男女とも同じような衣服を着ていた。男女ともに円いフェルト［felt］帽を被り、バックル付きの靴をはき、時にはコートや外套、ジャケットを着た。地方のウェールズ人女性の衣服は、18世紀にその最終的な形が定まった。用いられた素材を別にすれば——ウェールズ人の衣服は主としてウールであった——、地方のウェールズ人女性の衣服は、地方のイングランド人女性が着ていたものとほとんど同じであった。

フランス人

　母国の植民地に移住しなかったフランス人は、主に植民地メイン（当時はマサチューセッツの一部であった）やサウス・カロライナのチャールストンの近くに植民した。フランス人労働者の衣服はイングランド人のものと似ていた。

スコットランド系アイルランド人とスコットランド人

　スコットランド低地人やスコットランド系アイルランド人、アイルランド人の衣服はブリテンの他の労働者の衣服と似たものであった。しかしながら、スコットランド高地人は、特有の衣服——格子模様の高地タータンとボンネット——をもっていた。そして、彼らはアメリカへ到着後、しばらくの間、この衣服に固執していた。たとえば、1775年のムーアズ・クリークの戦いの際、王党派の者たちは高地の衣服を着、バグパイプ奏者を引き連れていた、と記録されている。

第13章 民族に固有の服装

図248 ドイツの女性(18世紀後期)
ここに示されたドレスはウルムを中心
とした地域に典型的なものであった。
出典: Oakes and Hill, *Rural Costume*. [著
者画]

図249　ウェールズの田舎の女性（18世紀後期）
ここに示されたフェルト［felt］製の帽子は100年前にブリテンの女性によって着用されていた。彼女の前の開いたスカートは縞柄のペティコート［petticoat］を見せるために後ろに留め付けられている。ペティコートの前部を保護するために長いエプロンをしている。小さな格子柄のショールは、ガウンのネックラインをおおっている。この縞柄のガウンはウェールズ産の羊毛製である。
出典：J. C. Ibbetsonによる「Street Scene in Llangollen」と題する絵画（デンビーシャー）；F.G. Payne, *Welsh Peasant Costume*（ウェールズ，カールディフ，1964）．［著者画］

図250　フランスの主婦（18世紀中葉）
ガウンとエプロンと亜麻布製の帽子は決して独特なものではなく、当時のどの植民地のアメリカ人、あるいはイギリス人主婦の衣服にも類似したものである。
出典：「La Marque, Paris, 1765」と題する著者所蔵の版画．

第13章 民族に固有の服装

図 251　弁護士と話をしているスコットランド低地の男女（1802 年）
左手の男は、スコットランド・ボンネットと大きな大型コートとゲートルを身につけている。女はフードと水玉模様のショールと格子柄のエプロンをつけている。
出典：著者所蔵の John Kay による版画（1802 年）.

図 252　パープシャーのリトル・ダンケル出身の男（1808 年）
ループがかろうじて見える、クラウンのまわりに紐を巻いた、形が
くずれた巻き上げ帽
出典：著者所蔵の John Kay による版画（1808 年）.

第13章　民族に固有の服装

図253　スコットランドの労働者階級の女性（1792年）
労働者用の丈の短い男もののジャケットを着用している。エプロンはウェストに巻き上げられ、ヘッド・バンドで荷物をかついでいる。
出典：著者所蔵の John Kay による版画（1792年）.

図254 スコットランド人のバグパイプ奏者（1790年）
スコットランド高地のボンネット［bonnet］、大きな外套、革のベルトをまわしたウェストコート［waistcoat］という服装である。
出典：著者所蔵の John Kay による版画（1790年）.

〈原注〉
1) Ver Steeg, *The Formative Years*, p.166.
2) Ibid., p. 167.
3) Warwick, Pitz, and Wyckoff, *Early American Dress*, p. 201.
4) Ibid., p. 203.
5) Earle, *Two Centuries of Costume in America*, p. 603.
6) Amelia M. Gummere, *The Quaker, A Study in Costume* (London, 1901).
7) A Gentleman's Progress: *The Itinerarium of Dr. Alexander Hamilton*.

用語解説

*印は、本文中には出ていない用語だが、原著者が読者の便宜を図って掲載したもの。

Apron［エプロン］一般に、目の粗い亜麻布やキャンバスやベーズ［baize］製で、男の労働者や女たちによって用いられた。革製のエプロンはバーベル［barvell］と呼ばれた。

Baize（Baise, Bayes）［ベーズ］安価な目の粗いウール地で、多くの色あいのものが作られ、ズボンやエプロンやジャケットやガウンに用いられた。

Band［垂れ衿］糊でかためられた亜麻布製の衿。聖職者や法曹家によって用いられた。

Banyan（Banian, Banjan）［バンヤン］インドで、イギリス人が着用するために採用されたゆったりしたガウン。在宅時に、主として上流階級や中産階級の男女によって着られた。高価な材料のエレガントなバンヤンは、時には街着として用いられた。

Barvell［バーベル］革製のエプロン。主として鍛冶屋や木工師や漁師に用いられた。

Batts*［バッツ］低い、頑丈な靴。前部を、バックルではなく紐締めした。

Bearskin［熊の毛皮］粗悪で、丈夫な素材。職人たちのコートやジャケットに用いられた。

Bob Wig［ボブ・ウィグ］短いぴったりした鬘。1725年から1775/80年にかけて、あらゆる階級の少年や男子によって用いられた。

Bodice［ボディス、胴衣］婦人のドレスの上部。前または後ろ、あるいは前後とも紐締めされた。

Bonnet［ボンネット］男性にも女性にも被られた小さな被りもので、通常、鍔は付いていない。キルトのボンネットや「Kitty Fisher bonnets」が1720年代以降に植民地の婦人たちによって用いられた。青のウールのボンネットは、スコットランド高地の男性の被りものであった。

Boots［ブーツ］漁師たちは、今日の船乗りのゴム長靴によく似た革

製のブーツをはいていた。左馬御者は左馬御者用ブーツとして知られる、重い革のブーツをはいていた。騎兵隊員たちは、革の竜騎兵ブーツ（dragoon boots）をはいていた。

Breeches ［ブリーチズ］ウェストと膝にボタンがけされ、ボタンの下の膝の部分にはバックルが取り付けられていた（時には紐で結ばれていることもあった）。ブリーチズは18世紀を通じて、あらゆる素材で作られた。職人たちのブリーチズは、オズナブルグ［oznabrug］の亜麻布や革やティッキングやシャグで作られた。ニュー・イングランドではシカやヘラジカの革で作られることもあった。

Broadcloth ［ブロードクロス］上質のウール地。主として、上流階級によって用いられた。

Brogues ［ブローグ］生皮製の粗悪で丈夫な靴。特にスコットランドやアイルランドの労働者によって用いられた。

Brooch* ［ブローチ］衣服を綴じ合わせるために用いられた鉄や真鍮や金や銀製の留め具。特に、スコットランドの高地人たちによって、彼らの格子模様の織物を綴じ合わせるために用いられた。

Calamanco ［キャラマンコ］縞や格子や簡素な模様の、光沢のあるウーステッド織物で、あらゆる階級によって着用された。

Calash* （Caleche）［カラッシュ］女性の頭に被るためのフード。1765年頃にフランスからイギリスにもたらされた。

Calico ［キャラコ］元来インドから輸入された木綿織物で、あらゆる階級によって用いられた。この名称は最終的に、すべての木綿織物に対して使われるようになる。

Cambric ［キャンブリック］上質の亜麻布。

Camlet* （Camblet）［キャムレット］平織りあるいは綾織りの布。時にはウール、絹、あるいはその他の混紡。ジャケットや外套やコートを作るのに用いられた。

Canvas ［キャンバス］亜麻または大麻の目の粗い織物。労働者のズボンやエプロンやジャケットを作るのに用いられた。

Cap ［キャップ、縁なし帽］小さなぴったりした被りもの。労働者

階級の男女によって用いられた。船乗りはニットの「モンマス帽」を被り、働く女性は亜麻布製の「モブ・キャップ」を被った。

Cape [ケープ] コートまたはジャケットに付ける、折り返された衿。

Capote [カポート] 前身頃に結ぶ紐の付いたフード付きのブランケット・コート。農民、兵士、フロンティア開拓者たちが着た。

Capuchin（Capuchon）[カプチン] 女性たちによって用いられた、カプチン会修道士の衣服に似たフード付き外套。乗馬用のフードとしても知られるこの外套は、18世紀の前半に流行した。

Cardinal* [カーディナル] 通常、緋色の布製のフード付きの外套をいう。18世紀前半に婦人たちによって用いられた。

Cassock [カソック] 黒い布で作られた司教の衣服。足首丈で、前部はボタンがけされており、ぴったりした長い袖が付いている。

Castor* [カスター] もともとは、ビーバー帽を作るために用いられたビーバーのフェルトを指したが、後には、ウールを混ぜて作られた安価なビーバー帽を指すようになった。

Chemise [シュミーズ] 女性の下着。膝丈。短い袖付き。亜麻布、ホームスパンあるいは木綿製。

Cherridary* [チェリダリー] ギンガムに似た木綿織物。1712年以降にインドから輸入された。

Cloak [外套、クローク] ゆったりした外衣。キャムレット製が多い。表地とは異なる色あいの裏付き。男性にも女性にも用いられた。

Clock [刺繍飾り] 高価な靴下のくるぶしのあたりに施された刺繍。上流階級の人びとに用いられた。

Clogs [木靴] キャンバス製あるいは革製のオーバー・シューズ。底は木製で、パトンと同様、泥やぬかるみでもはけるように高くなっている。主として農村で用いられた。

Clout* [クラウト] 目の粗い亜麻布製のスカーフで、頭部で結んで用いられた。

Coatee [コーティー] ミリタリー・スタイルの丈の短いコートで、大腿の中ほどまでの丈であった。

Cockade [花形帽章] 蝶型に結んだ小さなリボン。縁付きの帽子の左

側のボタンにとりつけられたループのかげに折り込まれている。花形帽章は兵士や州の役人や愛国者きどりの人びとに用いられた。また、陸軍や海軍の将校や州の役人に仕える召使いの帽子にも施されていた。

Country Boots ［カントリー・ブーツ］脚のまわりや膝や足首を保護したブランケットの布片。下層階級の人びとによって革のブーツやレギンスの代わりに用いられた。

Crocus* ［クロッカス］貧しい人びとや奴隷のための衣服を作った目の粗い織物。

Deerskin ［鹿皮］ニュー・イングランドの農民や兵士たちはシカやヘラジカのなめし革で作られたブリーチズをはいていた。

Dimity ［ディミティー］細かい畝のある、インド起源の綿織物。あらゆる階級の人びとが用いていた。

Dornex* ［ドルネクス］キャンバスに似た厚手の目の粗い亜麻布。労働者のスモックやズボンを作るために用いられた。

Dowlas* ［ダウラス］労働者階級のシャツやスモックを作るために用いられた厚手の目の粗い亜麻布。

Dreadnaught* ［ドレッドノート］　Fearnaught 参照。

Drugget* ［ドラゲット］主としてコートやジャケットを作るために用いられたウール織物。労働者たちに用いられた。

Duck* ［ダック］綾のない丈夫な白い亜麻布。革が手に入らないところでベルトや紐や労働者のジャケットやズボンを作るために用いられた。

Duffel* ［ダッフル］コートやジャケットを作るために用いられた目の粗いウールの織物。

Durant* ［デュラント］丈夫な光沢のあるウール織物。「everlasting（丈夫なラシャ）」と呼ばれることもある。

Dutch Bonnet * ［ダッチ・ボンネット］婦人が着用した麦わらのボンネット。前と後ろが折り返されている。

Embroidery ［刺繡］ドレスの装飾のために用いられた装飾的な刺繡。1750年代の紳士や陸軍将校のコートには華麗に刺繡が施されたボタンホールがしばしば見られた。

Facing［縫取り、縁取り、フェイシング］コートと対照色の、兵士のコートのラペルやカフスや衿。

Fearnaught（Dreadnaught）［フィアーノート］厚手のオーバー・コートや厚手の冬用のジャケットを作るために用いられた毛足の長い厚い布地。

Felt［フェルト］帽子を作るために用いられた素材。フェルトは織物ではなく、圧力をかけて水蒸気と熱で繊維をからみ合わせて作られた。ビーバーのフェルトは縁付きの帽子を作るために用いられた。だが、カスター（castor）のようなより安価なフェルトもあり、これは通常、労働者の男性たちによって用いられた。

Ferret*［フェレット］木綿製または絹製の幅の狭いリボンあるいはテープ。主にボタンホールなどの縁取りに用いられた。

Frieze*［フリーズ］粗目で厚手のウール地。労働者のコートを作るのに多く用いられた。

Fustian［ファスチアン］亜麻布と木綿の混紡の目の粗い安価な織物。コートやジャケットやズボンを作るのに用いられた。

Garters*［ガーター］ストッキングを保持するためのバンド。ガーターは、男性のブリーチズのニー・バンドの下部に小さなバックルで留められた。

Golosh*［ガロッシュ］甲の部分を革紐で締めた木靴。悪天候の時に通常の靴の上にはいた。

Grogram*［グログラム］絹やウール地の綾織りの目の粗いタフタ。アメリカの植民地で用いられた。

Haling Hands［ヘーリング・ハンズ］ウールやフェルト製のミトン。掌の部分は革で補強されていることが多い。労働者、特に船乗りや漁師によって用いらた。

Hat［ハット、縁付きの帽子］ビーバー帽やカスター（castor）の多くはイギリスから輸入されていた。労働者は男も女も

安価なカーターを被っていた。麦わらやキャンバス製の場合もあった。通常、鍔が巻き上げられていないものや、円い縁付きの帽子が被られた。縁付きの帽子はさまざまな形に巻き上げられていたが、いずれも労働者にとって特に実用的であるというわけではなかった。縁付きの帽子は後ろあるいは片方を単に巻き上げただけのものもあったが、たいていの場合3ヵ所で巻き上げられ、ループで固定されていた。船乗りたちの中には、全体に広い縁の付いたニットの帽子を被る者もあった。

Hunting Shirt［狩猟用シャツ］猟師や兵士たちが着た、一般に目の粗い亜麻布で作られたスモック風の外着用のシャツ。Rifle Shirt の項も参照。

Jacket［ジャケット］18世紀を通じてあらゆるタイプの男子労働者たちによって、外着用のジャケットや下着用のジャケットが着用された。18世紀初期にはほとんどが膝丈であった。世紀が進むにつれて丈が短くなり、1800年には腰丈となった。労働者たちのジャケットには、シングルの打ち合わせのものもダブルの打ち合わせのものもあった。

Jean*［ジーンズ］男性の夏用の衣服に用いられた木綿の布地。19世紀への転換期にアメリカ合衆国で大変普及した。

Jockey Cap*［ジョッキー・キャップ］前部が突き出ていて、クラウンが円い縁なし帽。通常、クラウンのまわりはリボンで装飾されていた。今日の騎手帽によく似た形をしていた。

Jump*［ジャンプ］女性たちによって着用されたゆったりしたボディス（胴着）。また、大腿までの丈の短いゆったりした男性用ジャケット「jump jack coat」のことも指す。

Kersey*［カージー］元来ヨークシャーで生産された目の粗いウール地。ニットが用いられるようになるまで靴下用に用いられた。

用語解説

- **Kirtle*** ［カートル］袖付きの婦人用のボディ・ガーメントで、床丈でガウンの下に着用された。また、裾布のない一種のショート・ジャケットをも指す。
- **Lappet*** ［垂れ飾り］婦人の室内用の縁なし帽の両側から下がっている垂れ飾り。顎の下で結ぶこともあった。
- **Lawn*** ［ローン］キャンブリックに似た上質の半透明の亜麻布。
- **Leggings** ［レギンス］植民地アメリカで用いられた鹿皮あるいは布製の脚カバー。足首からほぼ股までの範囲を覆い、紐でウェストベルトに留め付けられた。白人の植民者たちはレギンスをさまざまなスタイルで採用した。
- **Monmouth Cap** ［モンマス帽］船乗りのニットの縁なし帽。今日の船乗りたちが被っているニットの防寒帽に非常によく似ている。
- **Nankeen** ［南京綿］中国から輸入された黄色い木綿地。ウェストコートやブリーチズに用いられることが多かった。
- **Neck Cloth** ［ネック・クロス］植民地全土で男も女も用いていた。労働者たちによって用いられたネック・クロスは、通常、首のあたりに結ばれた簡単なスカーフであった。
- **Oznabrug** ［オズナブルグ］（osnaburg などさまざまな綴りがある）安価で粗目であるが丈夫な亜麻布で、元はドイツのオズナブリュックで作られていた。下層階級の男女によって用いられた。
- **Pattens** ［パトン］木底の付いたプラットホーム状のオーバー・シューズ。鉄製のリングが、靴を泥や水よりも高い位置に保つために取り付けられた。足に革紐で固定された。
- **Petticoat** ［ペティコート］あらゆる階級の人たちによって着られた婦人用衣服。多種多様な素材で作られた。キルティングされたペティコートは18世紀半ばから後半にかけて大変人気があった。

Petticoat Trousers［ペティコート・トラウザーズ］目の粗い亜麻布あるいは古い帆布製の、膝までの丈の短い、幅広のズボン。下にはいているブリーチズを保護するための作業用オーバー・ガーメントとして船乗りたちによって着用された。スロップス（Slops）ともいう。

Pig Tail Wig*［ピッグ・テイル・ウィグ］リボンで結ばれた弁髪のついた鬘。18世紀中葉には中産階級の男たちの間で大変人気があった。

Pinner*［ピンナー］上質のレースや亜麻布製の女ものの室内用の被りもの。ぴったりフィットしていて、両脇に長いタブや垂れ飾りが付いていた。

Pockets［ポケット］慣習的な意味に加えて、18世紀のポケットは、衣服の一部ではなくウェストに紐で結んだ小さなポーチやバッグをも指していた。

Polonese*［ポロネーズ］前が下まで開き背部にフードの付いた、コートに似た女ものの長袖の衣服。この言葉は"Polonaise"や"Polish"のくずれた語形である。

Pug*［パグ］フードの付いた短いケープ。通常、布製で、女性たちにより用いられた。

Pumps［パンプス］底の薄い、腰革の長い軽い靴。船乗りが陸に上がる時のおしゃれな装いの一部であった。

Queue［弁髪］鬘に付けた下げ髪。

Ramall*［ラモール］女性が肩の上に羽織ったショールやネッカチーフ。

Ratteen*［ラチネ織り］厚い綾織りのウール地。

Rifle Shirt［ライフル銃兵のシャツ］ライフル銃兵によって用いられたスモック・タイプの外衣用のシャツ。房飾りで装飾され、亜麻布や布製の場合が多かった。

Robings*［ロビング］女もののガウンの装飾部。ラペルなど、兵

士のコートの縁取りにほぼ相当する。
- **Roquelaure（Roquelo、Rocket）**［ロクロール］2枚の小さなケープ付きの重い外套。通常、明るい青や赤である。男にも女にも用いられた。
- **Ruffle**［襞飾り、ラッフル］上等のキャンブリック・リネンまたはローン製。襞飾りは紳士のボディ・シャツの袖のカフスやのど元に取り付けられた。
- **Sagathy***［サガティー］サージに似たウール織物。
- **Serge**［サージ］ウールまたは絹の綾織物。時にはウールと絹の混紡である。
- **Shagg**［粗毛］やや毛羽立った梳毛織物。裏地によく用いられた。
- **Shalloon**［シャルーン織り］裏地用に用いられたウール織物。
- **Sherry Vallies***［シェリー・バリーズ］脇でボタン留めされた丈の長いレギンス。騎兵を泥や雨から保護するためにブリーチズの上に着用された。
- **Shift***［シフト］亜麻布製のアンダー・シャツまたはシュミーズ。植民地時代の標準的な女性用下着であった。
- **Shoepack***［シューパック］外底のないなめし革製の、モカシンのような靴。
- **Skilts**［スキルト］膝のすぐ下までの丈の短い幅広のズボン。船乗りのペティコート・トラウザーズとほぼ同じもの。農村の人たちがはいていた。
- **Sleeves**［腕カバー］紐やリボンで腕に結び付けて用いられた、衣服を保護するための分離した袖。肉屋が作業時にシャツの袖を保護するために用いることが多かった。
- **Slops（Slop-hose）**［スロップス］船乗りによって着用された幅広の膝丈のブリーチズ。ペティコート・トラウザーズ（petticoat trousers）ともいう。
- **Slyders***［スライダーズ］胸当て付きの作業用ズボン。農村の人

たちがはいていた。

Smock［スモック］目の粗い亜麻布や布製の外衣用のシャツ。膝下丈のものが多い。農民や家畜番や荷馬車の御者が着ていた。ヨーロッパ大陸の兵士のライフル・シャツや狩猟用のシャツに大変よく似ていた。

Snow Shoes［かんじき］（18世紀には「Rackets」と呼ばれた）インディアンが考案したもので、これを白人が採り入れ、ニュー・イングランドの農村の人たちや北部植民地のフロンティアの民兵たちによって用いられた。

Spatterdash［はねよけゲートル］キャンバスや布や革製の短いレギンス。脇でボタンがけされ、ふくらはぎから靴のバックルを覆うまでの長さであった。農村の人たちや兵士たちによって用いられることが多かった。

Steinkirk［スティンカーク］男性用クラバット。無造作に折りたたまれ、端は通常、タックをとってコートの一番上のボタンホールに通されていた。18世紀の前半に流行した。

Stock［ストック・タイ］クラバットの次に出現したネック・クロス。ストック・バックルの名で知られる幅の狭いバックルを使って、首の後ろで留めた。

Surtout［シュルトゥー］大きな外套。通常シングルの打合わせで、1枚あるいはそれより多くの広がったケープが取り付けられていた。「ラップ・ラスカル（wrap-rascal）」とも呼ばれた。

Swanskin*［スワンスキン］軽いフランネルに似たウール状の布。ウェストコート用の生地や衣服の裏地として用いられた。

Tabby*［タビー織り］波紋のある絹織物。

Tartan［タータン］18世紀の前半にスコットランド高地人によって織られ、用いられた格子柄の布。

Tongs*［タングズ］目の粗い亜麻布あるいは木綿のオーバー

オール。
- Trews* [トゥルーズ] タータン製のぴったりとしたズボン。スコットランド高地の上流の人たちによって用いられた。
- Trousers [ズボン] ウェストからくるぶしまでの範囲を覆う衣服。裁断に関しては現代の長ズボンによく似ている。多種多様な素材で作られた。労働者や船乗りに用いられた。
- Turban [ターバン] 騎兵の縁なし帽やヘルメットのクラウンの下部に結び付けられた色物のスカーフ。後部でリボン結びされ、端が房飾りになっていることが多かった。
- Waistcoat [ウェストコート] 18世紀を通じて男性に用いられた、ウェスト丈のアンダー・ジャケット。18世紀初期には、ほぼ膝丈に達する裾布が付いたものが用いられた。ウェストコートの裾布は、18世紀後半には丈が短くなった。1800年には裾布は全くなくなり、ウェストコートの裾は直線的になった。袖付きの場合も、袖なしの場合もあった。ベスト（vest）と同義である。
- Wig [鬘] 1780〜1790年頃まで、あらゆる階級の男性によって用いられたが、その後、次第に流行しなくなった。鬘は非常に多様なスタイルと色で作られた。
- Worsted [ウーステッド] 元来、イギリスのウーステッドで作られたウール地。

参考文献

Album of American History. New York, 1944.

Alden, John R. *The South in the Revolution, 1763-1789.* (Baton Rouge, 1957).

American Heritage Book of the Revolution. New York, 1958.

American Heritage History of Colonial America. New York, 1967.

American Heritage Magazine. Vols. I-XXIII. New York.

The American Neptune, Maritime Quarterly. Salem, Massachusetts, 1920-1949.

American Printmaking, the First 150 Years. Smithsonian Institution Press, Washington, D.C., 1969.

Armes, Ethel. *Nancy Shippen, Her Journal Book*. New York, 1935.

Barck, Oscar T., and Lefler, Hugh T. *Colonial America*. New York, 1958.

Bartolozzi, F. *The Months*. London, 1788.

Bayne-Powell, Rosamond. *Travelers in 18th Century England*. London, 1951.

Belknap, Waldran P., Jr. *American Colonial Painting*. Cambridge, Massachusetts, 1959.

Bernardo Bellotto. Dresden, 1963.

Bonanni, Filippo. *The Showcase of Musical Instruments*. New York, 1964.

The Book of Trades. London, 1808.

Boorstin, Daniel J. *The Americans, the Colonial Experience*. New York, 1958.

Bradfield, Nancy. *Costume in Detail, 1730-1930*. London, 1968.

Bridenbaugh, Carl. *Cities in Revolt: Urban Life in America, 1743-1776*. New York, 1955.

Brookner, Anita. *Watteau*. Middlesex, 1967.

Catchpenny Prints, by Bowles and Carver. London, 1970.

Chodowieckis, Daniel. *Künstlerfahrt nach Danzig im Jahre 1773*. Berlin, 1908.

Cirker, B., ed. *1800 Woodcuts by Thos. Bewick and His School*. New York, 1962.

Cobban, Aldred, ed. *The 18th Century*. New York, 1969.

Copeland, Peter. *Everyday Dress of the American Revolution*. New York, 1974.

Cunnington, Phillis, and Beard, Charles. *Dictionary of English Costume*.

London, 1960.

Cunnington, C. Willet, Lucas, Catherine, and Mansfield, Alan. *Occupational Costume in England from the Eleventh Century to 1914*. London, 1967.

Davenport, Milia. *The Book of Costume*. Vol. 2. New York, 1948.

Decker, Malcolm. *Brink of Revolution*. New York, 1964.

Diderot, Denis. *Diderot's Pictorial Encyclopedia of Trades and Industry*. 2 vols. New York, 1959. (Dover reprint.)

Dunbar, J. Telfer. *Highland Dress*. London, 1962.

Earle, Alice Morse. *Costume of Colonial Times*. New York, 1894.

_____. *Stage-Coach and Tavern Days*. New York, 1969. (Dover reprint.)

_____. *Two Centuries of Costume in America*. 2 vols. New York, 1903. (Reprinted 1970.)

Fearon, Henry B. *Sketches of America*. New York, 1818.

Fitzpatrick, John. *The Writings of George Washington*. Washington, D.C., 1931.

Gaunt, William. *The Great Century of British Painting——Hogarth to Turner*. London, 1971.

A Gentleman's Progress: The Itinerarium of Dr. Alexander Hamilton, 1744. Chapel Hill, North Carolina, 1948.

George, M. Dorothy. *Hogarth to Cruikshank, Social Change in Graphic Satire*. New York, 1967.

Glen, James, and Johnston, George M. *Colonial South Carolina*. Columbia, South Carolina, 1951.

Gorsline, Douglas. *What People Wore*. New York, 1952.

Gosse, Philip. *History of Piracy*. New York, 1946.

Gummere, Amelia M. *The Quaker, A Study in Costume*. London, 1901.

Hazlett, W. Carew. *The Livery Companies of the City of London*. London, 1892.

Heal, Ambrose. *London Tradesmen's Cards of the Eighteenth Century*. New York, 1968.

Hesketh, Christian. *Tartans*. New York, 1972.

The Illustrated History of Paris and the Parisians. New York, 1958.

Jackson, Melvin H., and De Beer, Charles. *Eighteenth Century Gunfoundery*. Washington, D.C., 1974.

Jarrett, Dudley. *British Naval Dress*. London, 1960.

John Singleton Copeley. National Gallery of Art and Smithsonian

Institution, Washington, D.C., 1965.

Kapp, Friedrich. *Life of Steuben*. New York, 1859.

Klinger, Robert L. *Distaff Sketch Book*. Union City, Tennessee, 1974.

———. *Sketchbook '76*. Washington, D.C., 1967.

Kohler, Carl. *A History of Costume*. New York, 1963.

Kybalova, L., Herbenova, O., and Lamarova, M. *The Pictorial Encyclopedia of Fashion*. New York, 1968.

Lamb, Roger. *Occurrences During the Late American War*. Dublin, 1809.

Lawson, Cecil C. P. *History of the Uniforms of the British Army*. London, 1940-1966.

Lefferts, Charles M. *Uniforms of the War of the American Revolution*. New York, 1926.

Lemisch, Jesse. "Jack Tar in the Streets: Merchant Seamen in the Politics of Revolutionary America," *William and Mary Quarterly* 25 (July 1968).

Les Combattants Français de la Guerre Americaine, 1778-1783. Paris, 1903.

Macphersen Collection of Naval Prints and Paintings. Greenwich, England.

Manuscript Collections and Microfilm Collections of Early American Newspapers, Library of Congress, Washington, D.C.

Manuscript Collections of the National Archives, Washington, D.C.

Manuscript Collections of the Virginia State Library, Richmond, Virginia.

The Mariner's Mirror. London, 1921-1945.

McClellan, Elizabeth. *History of American Costume*. New York, 1904. (Reprinted 1969.)

Mercer, Henry. *Ancient Carpenters Tools*. Doylstown, Pennsylvania, 1960.

New York in the Revolution. Albany, New York, 1904.

Oakes, Alma, and Hill, Margot H. *Rural Costume*. London, 1970.

Oppé, A. P. *The Drawings of Paul and Thomas Sandby in the Collection of His Majesty the King at Windsor Castle*. Oxford, 1947.

Painting in England, 1700-1850. Virginia Museum of Fine Arts. 1963.

Paintings and Drawings at Wilton House. London, 1968.

Paston, George. *Social Caricature in the 18th Century*. London, 1905.

Pennsylvania in the War of the Revolution. Harrisburg, Pennsylvania, 1895.

Pyne, William Henry. *Etchings of Rustic Figures*. London, 1814.
_____. Microcosm. London, 1806.
Raines, Robert. *Marcellus Laroon*. New York and London, 1966.
Rankin, Hugh. *The North Carolina Continentals*. Chapel Hill, North Carolina, 1971.
Robinson, Charles N. *The British Tar in Fact and Fiction*. London, 1909.
Salaman, Malcolm, C. *Old English Mezzotints*. London, 1910.
Sellers, Charles C. *Portraits and Miniatures by Charles Wilson Peale*. Philadelphia, 1952.
Sherrill, Charles H. *French Memories of 18th Century America*. New York, 1915.
Shesgreen, Sean. *Engravings by Hogarth*. New York, 1973.
Singleton, Esther. *Social New York Under the Georges, 1714-1776*. New York, 1902.
Stryker, William S. *Documents Relating to the Revolutionary History of the State of New Jersey*. Trenton, New Jersey, 1901.
Travels in America, by Moreau de Saint Méry, 1792-93. New York, 1953.
Travels of William Bartram. Philadelphia, 1791.
Van St. Clara, Abraham. *Iets Voor Allen, Zynde een Verhandeling en Verbeelding Van allerhande, Standen, Studien, Konsten, Wetenschappen, Handwerken*, Abraham Van St. Clara. (Amsterdam, 1719).
Warwick, Edward, Pitz, Henry, and Wyckoff, Alexander. *Early American Dress: The Colonial and Revolutionary Periods*. New York, 1965.
The Watercolor Drawings of Thomas Rowlandson. New York, 1947.
Waterhouse, Ellis. *Gainsborough*. London, 1958.
Webster, Mary. *Francis Wheatly*. London, 1970.
Welsh Peasant Costume. Cardiff, 1964.
The Whale. New York, 1968.
Wharton, Anne H. *Social Life in the Early Republic*. New York, 1902.
Wilhelm, Jacques. *Histoire de la Mode*. Paris, 1955.
Willett, C., and Cunnington, Phillis. *Handbook of English Costume in the 18th Century*. London, 1964.
Wilson, Everett B. *Early America at Work*. New York, 1963.
Yankee Doodle Boy, Joseph Plumb Martin. New York, 1964.

訳者あとがき

　本書の原典は Peter F. Copeland 氏による *Working Dress in Colonial and Revolutionary America*（Greenwood Press, Westport, Conn. 1977）で、*Contributions in American History* のシリーズの No. 58 である。インターネット上で Greenwood Publishing Group のホーム・ページ（http://www.greenwood.com）から検索すると（http://info.greenwood.com/books/0873190/0873190339.html）、本書は次のように紹介されている。

　"Copeland, former chief historical illustrator for the Smithsonian Institution, has done an admirable job of reconstructing a large segment missing from our social picture of American costume....It is....a valuable and fine book ― a necessity for all academic libralies and highly recommended for all general collections as well."
　（スミソニアン協会の歴史関係の主任イラストレーターをつとめておられたコープランド氏は、アメリカの服飾に関する我々の社会的描写に欠落したさまざまな部分を再構築するという、賞賛に値する仕事をされた。……本書は価値ある立派な書物であり……、あらゆるアカデミックな図書館に必要な書物であり、また、一般向けの書としても高く推奨される。）

訳者あとがき

　コープランド氏の専門研究分野は、アメリカ独立革命やカリブ海の海底研究や 18 〜 20 世紀の軍服や市民服に関する分野であり、このホーム・ページでも紹介されているように、元はアメリカ合衆国ワシントン D.C. のスミソニアン協会の歴史関係の主任イラストレーターをつとめておられた。そして、現在はアメリカ史に関するフリーのイラストレーター、ライター、コンサルタントとして活躍されており、論文や専門書の他、子ども向けの絵本 30 数冊を精力的に出版しておられる。その一端を紹介すると、たとえば

Naval Battles of the Civil War Coloring Book（Dover Publications, 1996）

Western Pioneers Coloring Book（Dover Publications, 1997）
などがある。

　コープランド氏の著作のなかでも一番の労作である本書には、彼自身が描いた 200 点を上回る挿絵と 36 枚の写真が収録されており、1710 年から 1810 年までの 100 年間にわたって、欧米で労働に携わっていた人びとが着用していたと推察される仕事着が、歴史的背景や彼らの生活状態とともにビジュアルに描かれている。中産階級や下層階級の人びとが、上流階級の華やかで、きらびやかな衣裳とは趣きを異にする、仕事の場面に特有な服装で労働に携わっている様相が、豊富な絵画資料によって再現されている。本書に登場する人物（合計 424 名）——船乗り、漁師、農民、商人、呼び売り、フロンティア開拓者、御者、正規兵や民兵、医者、法律家、聖職者、使用人、年季契約奉公人、奴隷、犯罪人、民族諸集団など——一人ひとりの仕事に取り組んでいる姿やしぐさや表情や、職種によって異なるさまざまな服装は、18 世紀の欧米の中産階級や下層階級の生活の様相を彷彿とさせてくれる。

　Alice Morse Earle 女史の *Two Centuries of Costume in*

America（New York, 1903）や Edward Warwick 氏、Henry C. Pitz 氏および Alexander Wycoff 氏による *Early American Dress, The Colonial and Revolutionary Periods*（New York, 1965）は、アメリカ服装史の古典として著名である。しかしながら、これらの古典はあくまでも上流階級のスタイルの描写に主力を注いでおり、中産階級や下層階級の服装は扱っていない。それゆえ、プリンストン大学の Ann D. Gordon 女史のコープランド氏の著作への次の書評（*Journal of Interdisciplinary*, 9-2 Aug.1978 に掲載）は、誠に当を得ていると言えよう。

「植民地時代の衣服に関する古典では、商人や上流階級のスタイルを強調し、これらはあらゆる人びとのためのファッションであるかのような感を抱かせる。しかし、コープランド氏の描く船乗りや肉屋や農民や召使いやその他の人びとは、彼ら自身の特有のスタイルで場面に変化をつけたのである」。

ここに紹介した Ann Gordon 女史の評価からもうかがえるように、本書はアメリカにおける服飾史関係の研究書のなかでも、中産階級や下層階級の仕事着を体系的かつビジュアルに扱った、他に類を見ない文献として、アメリカの研究者の間で注目されている。

本書の日本語版のタイトルを『アメリカ史にみる職業着―植民地時代～独立革命期―』と定めたのも、実は本書のこのような特色を、日本の読者の皆さんに素直にお伝えできるのではないかと考えた結果である。大学や短大の服飾文化史の授業に対して、学生の皆さんから、上流階級の華やかな服装だけではなく、庶民の服装についても学びたい、という意見がよく寄せられる。本翻訳書がこのようなご希望にお応えできれば、この上ない幸せである。

さて、Ann Gordon 女史はさらに、コープランド氏の偉大な貢献を賛美して、こう書いている。

訳者あとがき

「コープランド氏が最も偉大な貢献をしたのは、絵画資料の発見とその取扱いにおいてである。この時代の服装史家たちが、物や絵画よりもむしろ言葉に頼らざるをえなかった状況は、初期の時代についての過度の単純化をなるほどとうなずかせてくれる。コープランド氏は情報を言葉から絵画に置き換えることに挑戦した。このようにしてイラストレーターは、我々の想像の荷を軽くし、さまざまな資料をさらに詳細に用いることができるようにしてくれたのである」。

情報収集に際してのコープランド氏の苦労のほどは、本書の序論の中で力説されている。

「残念ながら、18世紀のアメリカには、イギリスが生んだウィリアム・ホガース（William Hogarth, 1697～1764）やマーセルス・ラルーン（Marcellus Laroon, 1679～1772）やウィリアム・ヘンリー・パイン（William Henry Pyne, 1769～1843）といったような、当時の街の一般大衆や地方の農民を描いた人びとは生まれなかったのである。また、文学作品も労働者階級の仕事着に関する豊富な資料を提供してくれはしない。新大陸の芸術家たちが、その時代の兵士や労働者や開拓者の生き生きとした描写に、その才能を傾けるようになったのは、1世代あるいはそれ以上が経過してからである。しかも彼らの肖像画は非常に理想化され、不正確なものであった。そのためにアメリカ独立革命の時代に生きていた植民地アメリカの一般大衆は、その時代の歴史に記されることなく、消えてしまったのである。今日の歴史研究者にとって、たとえば、ボストンの魚屋とかニュー・ヨークの行商人とか農村バージニアの開拓民の実際の様子や衣服を非常に正確に確定するのは困難である。そこで、我々は主に、推測に頼るか、ヨーロッパの資料に依拠する他すべがないのである」。

コープランド氏が収集した資料は、労働する姿を描いたヨー

ロッパのグラフィック・アートやアメリカの版画や逃亡奴隷を捕えるための広告や旅行者の明細書や糧食の注文書といったような原資料である。挿絵に対するコープランド氏の解説には、それぞれの衣服の説明、挿絵や版画の出典が示されている。彼は衣服や織物について、大変詳しく説明を加えており、スカート丈やズボン丈、帽子の形、半ズボンよりも長ズボンが好まれたこと、また、ジャケットの裁断といったようなさまざまな変化に着目している。また、本文に続く包括的な用語解説では、18 世紀の生活についての詳細を記述するために歴史家が必要とするであろう言葉が要約されている。

以上に述べてきたように、コープランド氏の著作はアメリカ服装史研究の価値ある魅力的な業績であるが、今後、この研究は 18 世紀の文化史に関する研究および 18 世紀の中産・下層階級の衣服の実物に関する研究と統合されることによって、さらなる発展が期待されるものと確信する。本書は服装史研究者の方々と歴史研究者の方々に、ぜひお読みいただきたい労作である。

ここで 1970 年以降のアメリカにおける中産・下層階級の衣服研究の動向に言及しておきたい。

アメリカ史上の中産・下層階級の衣服に関する研究は、スミソニアン協会の Claudia Kidwell 女史のショート・ガウンに関する研究[1]を皮切りに、ウィリアムズバーグのドゥウィット・ウォーレス・デコラティヴ・アート・ギャラリーの Linda Baumgarten 女史の奴隷の衣服史研究[2]が挙げられる。また、19 世紀の中産・下層階級の衣服に関しては、ウィスコンシン博物館の Joan Severa 女史の研究が注目をあびている[3]。我が国における研究に関しては、及ばずながら次の拙稿[4]を参照していただけば幸いである。

訳者あとがき

[注]

(1) Claudia B. Kidwell, Short Gowns. *Dress*, Volume 4, 1978. The Journal of the Costume Society of America. pp.30-65.

(2) Linda Baumgarten, Clothes for the People: Slave Clothing in Early Virginia. *Journal of Early Southern Decorative Arts*, Nov. 1988. Museum of Early Southern Decorative Arts, Winston Salem, N.C.

(3) Joan Severa, *Dressed for the Photographer, Ordinary Americans & Fashion 1840-1900*. The Kent State University Press, Kent, Ohio, 1995.

(4) ①『アメリカ植民地時代の服飾』(せせらぎ出版、1996年3月)

②「18世紀から19世紀初頭のアメリカ社会と衣服文化の特性について―インフォーマルウェアを中心に―」(国際服飾学会「国際服飾学会誌」No.11, 1991年10月)

③「18世紀アメリカの職業着―Peter F. Copeland の業績を中心に―」(衣生活研究会「衣生活」第35巻第5号, 1992年10月)

④「18世紀ヴァージニアにおけるお仕着せに関する歴史的考察」(国際服飾学会「国際服飾学会誌」No.12, 1995年11月)

⑤「18、19世紀アメリカにおけるショートガウンの復元を通じての一考察」(国際服飾学会「国際服飾学会誌」No.14, 1998年3月)

ところで、森杲氏の『アメリカ職人の仕事史』(中公新書、1996年10月)は「アメリカがイギリスの植民地だった時代から、そのイギリスを抜いて世界一の工業国の地位につく19世紀末までの長い期間にわたって、工業生産の現場を担った職人

261

たちの行動をえがいたものであ」り、アメリカ史研究者の間で大変、話題を呼んでいる。コープランド氏の著書の本翻訳書と合わせ読んでいただくと、アメリカの植民期から建国期にかけての職人の歴史像がより具体的に浮かび上がってくるであろう。

　最後に、前回の拙著『アメリカ植民地時代の服飾』の出版から2年7ヵ月後に、同じせせらぎ出版から本訳書を出版できましたことに対し、代表の山崎亮一氏をはじめ、同社のスタッフの皆様に心から厚く御礼申し上げます。さらに、これら2作の表紙デザインを担当して下さったデザイナーの石井きよ子さんに心から厚く御礼申し上げます。最初の作品は1996年6月22日から7月11日にニュー・ヨークのCast Iron Galleryにて開催された「SHODO IWAGAKI, MIE YOSIMURA & GROUP EXHIBITION "YEN"」で展示され、大変、好評だったとのこと。思わず手に取ってみたくなるデザインだと多くの方から親しまれています。2作目も1作目と肩を並べるほのぼのした愛嬌のあるデザインであり、庶民を感じさせるデザインをという訳者の意図を十分汲み取っていただけ、大変気に入っています。黄色のお仕着せを着せられ、首に銀製の首輪をはめられ、肩に召使の象徴としての肩飾りを付けられた黒人の召使の服装（第10章図214参照）のもつ意味から本書の世界にお入りいただくのも一つの読み方かもしれません。カバーデザインのイラストは、本書中のコープランド氏によるものに石井きよ子さんが彩色したもので、Greenwood Publishing Groupから掲載の許可を頂いております。

　訳文、訳語には細心の注意を払い、可能な限りの調査をすべく心掛けましたが、誤訳や誤謬がないとも限りません。識者の皆様のご教示をお願い申し上げます。

1998年10月

濱田雅子

再版にあたっての訳者あとがき

　本書の元になっている著作は、P・F・コープランド著、濱田雅子訳『アメリカ史にみる職業着―植民地時代～独立革命期―』（せせらぎ出版、1998年）である。原書はPeter F. Copeland, *Working Dress in Colonial and Revolutionary America* (Greenwood Press, Westport, Conn. 1977.) である。本翻訳書が出版されたのは、阪神淡路大震災から2年後である。このたび、本翻訳書の出版から18年後に、悠書館から普及版として再版されることになり、翻訳者としてこの上なく喜ばしく思う。

　再版にあたって、本書のタイトルを『図説・初期アメリカの職業と仕事着――植民地時代～独立革命期』と改めた。それに伴い、本書の初版における〈職業着〉という表現を、再版ではすべて〈仕事着〉と表記したことをお断りしておく。

　著者のP・F・コープランド（1927～2007）の専門研究分野は、初版のあとがきでも述べたが、アメリカ独立革命やカリブ海の海底研究や、18～20世紀の軍服や市民服に関する分野である。元はアメリカ合衆国ワシントンD.C.のスミソニアン協会の歴史関係の主任イラストレーターをつとめておられた。同協会退職後、アメリカ史に関するフリーのイラストレーター、ライター、コンサルタントとして活躍されて、論文や専門書のほか、子ども向けの絵本41冊を精力的に出版してこられたが、2007年12月8日、享年81歳で肺癌のため亡くなった。

　さて、再版に至った本書の面白さは、何であろうか。

原書のタイトルから明らかなように、本書はアメリカの植民地時代から独立革命期の100年間にわたる仕事着を扱っている。だが、実際には18世紀アメリカの労働者階級が身に纏っていた衣服の遺品は、ほとんど皆無に等しく、その上、植民地アメリカの一般大衆は、その時代に描写されないまま、歴史から消えてしまったのである。そのため、著作にまとめるには大変困難な資料状況にあった。にもかかわらず、本書には、1710年から1810年までの100年間にわたって、欧米で労働に携わっていた人びとが着用していたと推察される仕事着が、歴史的背景や彼らの生活状態とともにビジュアルに描かれている。パラパラと本書をめくっていただくと、さまざまなスタイルで労働に携わる思い思いの表情の人びとが登場する。眺めているだけでも想像力をかき立てられて、読者は思わず、本書に描かれた世界にいざなわれるであろう。

　このような資料的制約のなかで、コープランドは本書執筆に当たり、どのような方法を編み出したのであろうか。

　周知のように、アメリカは移民から形成された多民族国家である。したがって、本書にはイギリスやフランスやドイツやスコットランド他のヨーロッパ起源の多くの民族が登場する。著者はこれらのヨーロッパの仕事着を描いた絵画資料からアメリカのそれを類推するという方法をとっている。すなわち、コープランドは序文において「18世紀アメリカの典型的な自由労働者は西ヨーロッパ人であり、彼らは本国を離れてから、わずか1世代ないし2世代しか経っていない。このことから、彼らの仕事着の大半はイギリスの労働者階級の仕事着と同じであると結論してもさしつかえないであろう」と述べている。ただし、アメリカにおける新聞記事など可能な限りアメリカの資料を用いる努力が随所にはらわれている。

　これらの絵画資料をもとに、多くは著者自身がイラストを描

再版にあたっての訳者あとがき

き直している。200点をうわまわるイラストと36枚の写真には着装についての克明な解説と典拠が書かれている。この解説は欧米の服飾史研究者の時代考証と齟齬がないことは、特に注目したい。そして、単に衣服の形や着方だけではなく、種々の職業に携わる人びとの仕事ぶりや生活ぶりが図版で再現されており、彼らの労働する姿を、ビジュアルに表現している。

訳者は、本書を大学の授業のテキストや講演の資料として用いてきた。特に印象的な学生の感想を紹介しよう。

「本書の裏表紙に描かれた黒人奴隷の給仕は、黄色のお仕着せを着せられ、奴隷身分をあらわす首輪をはめられている。そして、召使の象徴としての肩飾りが飾られている。一見、お洒落に見えるこの服装は、差別を露わに示しており、衣服が持つ役割の怖さを感じざるをえない。」

また、講演の参加者はこう語ってくれた。

「本書は、イギリスの植民地から有数の工業国になるまでのアメリカ史に、生産を担った労働者の服飾史で迫る、他に類を見ない作品ですね。」

本書は平成11年10月9日に、日本風俗史学会第6回《日本風俗史学会研究奨励賞》を授与された。選考委員の丹野郁博士の選考評を紹介させていただく。

「訳書というものは『賞』の対象にならないという通念があるらしいが、しかし外国の優れた研究書を邦訳して紹介されたなら私どもの研究はどれほど進展することであろうか。そうした観点からすると、この原書は、欧米で既に高い評価を得ている学術書で誠に有意義であるといえる。」

最後に、本書の再版を企画して下さった悠書館の長岡正博氏に厚く御礼申し上げる。

2015年10月20日

事項索引

*イタリック体で示したページは図版解説のページを示す。
*用語解説で扱われている用語については、訳語の後の原語を [ ] で囲んで区別した。
*太字で表記した事項は、本文中の見出しとなっている事項である。

ア行

アイルランド人（Irish）68, 127, 199, 208, 227, 228, 234, *52*,
アッパー・ジャケット（upper jacket）*224*
アンダー・ジャケット（under jacket）21, 46, *31, 57, 224*
アンダー・シャツ（under shirt）121
鋳掛け屋（tinker）*70*
医学校（medical schools）179
イギリス海軍 5～14, *6, 7, 10, 11, 13, 14, 36, 37*
イギリスの消防士（British Crown Fire Office）*134, 135*
石工（stonemason）*74*
　　　石工の徒弟（stonemason's apprentice）*74*
医者（physician）179～182, *187*
医者の服装（physician's dress）181
椅子修理人（chair mender）*100*
板ガラス工（sheet glass worker）*78*
イチゴ売り（strawberry vendor）*107*
一等航海士（master's mate）*13*
印刷屋（printer）*68*
インディアンの衣服（Indian dress）149
ウーステッド［worsted］191, 192, 233, *24, 62, 73, 75, 96, 111*
ウェールズ人（Welsh）227, 233
　　　――の服装（Welsh dress）233
ウェストコート［waistcoat］9, 12, 22, 52, 96, 154, 156, 185, 193, 195, 196,

198, 230, 233, *14, 37, 46, 53, 61, 64, 68, 77, 78, 81, 82, 88, 122, 148, 159, 162, 163, 166, 167, 172, 174, 175, 177, 183, 190, 201, 217, 240*
　　　赤い粗毛製（またはウーステッドの粗毛製）の 192
　　　アンダー・ウェストコート *36*
　　　金の縁取りの *15*
　　　銀の縁取りの *8*
　　　毛皮の *63*
　　　格子柄の *35, 73, 204*
　　　縞柄の *97, 7, 10, 126, 208*
　　　シングルの打ち合わせの *19, 86, 135*
　　　水牛皮製の *144*
　　　裾布の付いた *204*
　　　裾布の付かない *59, 84, 126*
　　　袖なしの *36, 57, 71, 74, 76, 79, 83, 84, 85, 87*
　　　ダブルの打ち合わせの *19, 31, 33, 43, 74, 103, 141, 200*
　　　ティッキング製の *208*
　　　ベルト付きの裾布のない *170*
　　　ベルベット製の *223*
　　　もみ革製の *71*
ウォッチ・コート（watch coat）*14*
ウォンパム（wampum）118
腕カバー［sleeves］97, 111, 182
上衿［cape］20, *142, 200, 202*
運送人夫（manure carter）*138*
運搬人（porter）*110, 134*
駅馬車（stage wagon）125, 126, 129
エプロン［apron］40, 193, *35, 50, 53,*

267

59, 60, 61, 64, 68, 69, 71, 72, 80, 81, 85, 87, 88, 89, 90, 94, 95, 96, 102, 104, 105, 107, 109, 112, 195, 203, 217, 239
 青の 70
 亜麻布や木綿製の xvii, 41, 54, 70, 78, 120, 62, 70, 88, 117, 190
 オズナブルグの亜麻布の 61
 革製の 39, 70, 73, 74, 78
 キャンバス製の 43
 クエーカー教徒の 230
 格子柄の 100, 237
 白い 14, 198, 225, 108
 装飾を施した 197
 丈の長い 198, 236
 丈の短い 77, 84, 141
 肉屋の 97
 幅の狭い 232
 幅の広い 108
 緑の 230, 194
 プリーツの入った 70, 59
 ベーズ・エプロン（baize apron）96
 胸当て付き 75, 76, 83, 84, 87, 94, 102, 107, 111
 薬剤師の 182

衿
 上衿（cape）20, 142, 200, 202
 ケープ（cape）117, 121, 128, 130, 149, 194, 195, 98, 99
 立衿（standing collar）12, 162
 垂れ衿（band）182, 186, 187

煙突掃除夫（chimney sweep）95, 99
追い剥ぎ（highwayman）xii, 128, 220, 129, 219, 222
 ——の衣服（dress of highwayman）222
オーバーオール（overalls）152, 154, 164, 170, 173, 177
オーバー・コート（over coat）190
オーバーシャツ（over shirt）37
オーバースカート（over skirt）44
オールド・グリーンランド・ブーツ（Old Greenland boots）17
オズナブルグ［oznabrug］21, 22, 193, 213, 218, 36, 61, 71, 158, 208, 212
 ——の亜麻布 9
 ——のジャケット 215
斧（tomahawk）22, 56, 115, 118, 119, 147, 123, 164, 165
オランダ人（Dutch）68, 138, **231**, 4, 232, 233
 ——の船乗り 4
オランダ帽（Dutch cap）16
女漁師（fisherwoman）41

カ行

カーディナル（cardinal）230
貝殻玉（wampum）118
海軍少尉候補生（midshipman）33
海軍のコック（naval cook）36
海軍の生活（navy life）**5〜7**
海賊行為（piracy）219, 220
開拓者（pioneers）115, 117
 ——の妻（pioneer wife）117
外套［cloak］54, 150, 233, 99, 143, 151, 170, 183, 188, 223, 240
 フード付き 112
街灯（street lamp）137
ガウン（gown）xvi, 54, 55, 184, 186, 230, 100, 106, 108, 144, 192
 暗青色の 225
 縞柄の 105, 236
 ショート・ガウン 199, 193
 白い 217
 聖職者の 182
牡蠣売り（oyster vendor）105, 96
下級判事の衣服（dress of magistrate）183, 184
家具職人（cabinet maker）72
かごかき（chairman）98
鍛冶屋（smith, blacksmith）211, 75, 76
カソック［cassock］184

事項索引

家畜去勢人（gelder）*104*
カットラス（cutlass）20
鬘［wig, perwig］53, 130, 182, 184, 191, 196, 230, *57, 69, 79, 88, 180, 183, 186*
　　医者用の　181, *187*
カナダの冬服（Canadian winter clothing）*176*
加入郵便制度（Constitutional Post）138
カプチン［capuchin］230
　　カプチン・ケープ（capuchin cape）121
カポート［capote］118, *124, 176*
がらがら（battle rattle）135, *140*
ガラス吹き職人（glass blower）*78*
カロライナ・シャツ（Carolina shirt）*161*
皮なめし工（tanner）*78*
かんじき［snow shoes］*123*
カントリー・ブーツ［country boots］122, *110, 128*
議会（Congress）138, 157, 159, 182, 219, *154, 170, 174, 177*
樵（sawyer, woodcutter）*56, 63, 122*
技術兵（artificer）*134, 170*
既製服商（slop seller）xvii, 9
キャラコ［calico］198, 199
キャラマンコ［calamanco］223, *181*
キャンバス［canvas］9, 11, 13, 14, 15, 20, 41, 42, 45, 53, *16, 18, 35, 39, 43, 56, 64, 85*
キャンブリック［cambric］13, 197
行商人（peddler）93, *104, 105*
強制徴募（impressment）5, 6, 9, *32*
強制徴募隊（press gang）5, 6, *32*
御者（coachman）xvii, 150, 151, 189, *126, 130, 132, 142, 143*
　　左馬御者　130, 194, 195, *131*,
　　荷馬車御者　127, *128, 129*
銀細工師（coppersmith）69
クエーカー教徒（Quaker(s)）227, 229, 230, *228, 231*
草刈人（mower）*66*
靴（shoes）20, 23, 31, 39, 57, 62, 69, 70, 76, 121, 155, 156, 158, 181, 182, 191, 204, 211, 218, 230, *10, 11, 27, 35, 56, 60, 71, 74, 84, 86, 87, 88, 96, 99, 100, 101, 104, 105, 106, 109, 110, 111, 130, 145, 157, 194, 201, 214*
　　軽い　*24, 36*
　　革製の　52, 198, *57, 135*
　　革製の短靴　41
　　革製の長靴　17
　　かんじき（snow shoes）*123*
　　木靴（clogs）197, 243, 245
　　靴屋　70, 211
　　こざっぱりした革の　197
　　ゴム長靴　17
　　サボ（sabot）38, 53, *42, 82, 83*
　　つっかけ式の　*85*
　　バックル付きの　xvi, 9, 53, 69, *8, 30, 43, 53, 59, 72, 75, 98, 112, 132, 142, 195, 233*
　　パトン［pattens］41, 54, *42*
　　紐靴　17
　　モカシン（moccassins）2, 53, 149, 163, 172, *61, 73, 102, 116, 117, 119, 120, 123*
　　木製の　38
　　リボンで締めた　*108*
　　労働靴　38
靴下（stocking）7, 17, 54, 56, 121, 149, 155, 156, 159, 191, 233, *15, 23, 24, 27, 33, 35, 58, 59, 60, 62, 71, 78, 84, 85, 87, 96, 98, 101, 102, 104, 106, 109, 112, 117, 141, 142, 152, 157, 165, 174, 201, 203, 204, 215*
　　厚い　83
　　亜麻布の　197
　　糸製の　*132*
　　ウーステッドの　*75, 111*
　　ウール製の　120
　　畝模様の　*73*

269

絹の 88, 180
靴下製造工（stocking maker） 88
靴下留め 99, 107
格子縞模様の 193, 198
縞柄の 31, 36
梳毛織物の 197
紡ぎ糸製の 197, 29, 130, 172
木綿製の 197
横縞の 30, 32
リブ編みの 16
熊の毛皮［bearskin］ 241
クラバット（cravat） 188, 202
車大工（wheelwright） 73
軍医（surgeon） 6, 159, 180
軍艦 5, 6, 13, 221, 30
　イギリス軍艦ベネラブル号
　　（HMS Venerable） 13, 14
　イギリス軍艦マーキュリー号
　　（HMS Mercury） 221
　オリバー・クロムウェル号
　　（Oliver Cromwell） 23
　グロスター号（Gloucester） 28
　スコーピオン号（Scorpion） 18,
　　22, 28
　ディリジェンス号（Diligence
　　galley） 28
　ドラゴン号（Dragons） 9, 28
　ノーサンプトン号（Northampton）
　　28
　ヒーロー号（Hero galley） 10, 21,
　　22, 29
軍事委員会（Board of War） 151
軍隊 16, **147 ～ 177**, 191, 202
　→大隊
　→中隊
　→連隊
軍服（uniform） xviii, 147 ～ 177, 202
　植民地軍の 151
　マサチューセッツ州軍の 175
ゲイレイ（gayley） 119
ゲーテ博物館（Museum of Goethe）
　94

ゲートル（gaiter） 53, 156, 195, 237,
　62, 63, 84, 119, 124, 137, 152, 157,
　162, 174, 202
ケープ［cape］ 117, 121, 128, 130, 149,
　194, 195, 229, 98, 99
航海長（sailing master） 30
公衆衛生職員（sanitation worker）
　134
強盗（thief） 220, 222
公僕（public servant） **133 ～ 145**
護衛（armed guard） 129, 139, 142,
　223
ゴーズ（gauze） 13
コート（coat），［coatee］ 7, 8, 9, 12,
　41, 52, 55, 69, 97, 117, 121, 148, 149,
　150, 152, 153, 154, 156, 190, 191, 192,
　193, 195, 196, 197, 198, 199, 230, 232,
　233, 240, 4, 8, 10, 11, 15, 19, 24, 25,
　30, 31, 32, 33, 35, 36, 37, 38, 39, 43,
　44, 45, 46, 53, 59, 63, 64, 71, 73, 74,
　76, 77, 78, 79, 81, 82, 83, 84, 85, 86,
　87, 94, 95, 105, 109, 122, 130, 135,
　142, 144, 148, 157, 159, 162, 163, 165,
　166, 167, 170, 171, 172, 174, 175, 177,
　183, 197, 198, 200, 201, 202, 204, 208,
　210, 215, 216, 217, 236
　アンダー・コート（under coat）
　　223
　インディアンの 173
　ウォッチ・コート（watch coat）
　　14
　大型コート（great coat） 17, 18,
　　128, 129, 237
　オーバー・コート（over coat）
　　190
　身体にぴったりした 126
　シュルトゥー［surtout］ 17, 18,
　　22, 54, 194, 56, 57, 60, 61, 62,
　　98, 140
　ショート・コート（short coat）
　　20, 21
　シングルの打ち合わせの 185,

203, *56, 68, 72, 80, 88, 96, 102, 103, 104, 110, 123, 180, 188*
ディミティー製の *208*
ピー・コート（pea coat） 18, 19
ブランケット・コート（blanket coat） 118, *176*
フロック・コート（frock coat） 51, *88, 119*
ロクロール（Roccleo, Rocklo），[Rocket, Roquelaure, Roquelo] *143*
ロング・コート（long coat） 51, *34*
国会図書館（Library of Congress） *204*
子ども服（children's dress） *65*
コネストーガ・ワゴン（Conestoga wagon） 127
ごみ掃除人夫（dustman） *137*
コルセット（stays） 40, 54, *50*, 192
コルセット・ボディス（corset-bodice） 40, *50*

サ行

サージ［serge］ *216*
サープリス（surplice） 184
裁判官（judge） 182, 183, *186*
サウス・カロライナ・ゼネラル・ガゼット紙（*South Carolina General Gazette*） 212
サウス・カロライナの民兵（South Carolina Militia） 162
魚屋（fishmonger） x, *43*
サクソン帽（Saxon cap） 53
搾乳婦（milkmaid） 62
サボ（sabot） 38, 41, 53, *42, 82, 83*
左馬御者（postillion） 130, 194, 195, *131*
　　ドイツの *131*
三角帽（cocked hat） *75, 76, 77, 79, 81, 88, 99, 102, 103, 107*

シーブーツ（sea boots） 17, 38, *39, 42, 43, 45*
市会議員（alderman） 183, *183*
鹿皮［deerskin］ 52, 172, 198, *130, 148, 163, 223*
自家製の布地（homemade cloth） 156
仕着せ（livery） 126, 189, 190, 191, 192, 193, 194, 195, 196, *197, 200, 202, 203*
自警団（citizen's watch） 136
刺繍（embroidery） xiv, xvii, 154, 197, *89, 157, 168, 183, 197, 201*
刺繍飾り［clock］ 197
仕立屋（tailor） 211, *86*
ジャケット［jacket］ xv, xviii, 7, 8, 9, 12, 20, 22, 38, 39, 40, 54, 69, 94, 121, 130, 195, 196, 198, 222, 233, *4, 15, 16, 22, 25, 27, 29, 33, 37, 39, 40, 42, 44, 45, 53, 56, 64, 68, 70, 72, 73, 74, 75, 77, 99, 101, 105, 107, 111, 130, 134, 145, 159, 163, 202, 203, 214, 217, 224*
　　赤い裏のついたグレーの 11, *11*
　　アッパー・ジャケット *224*
　　アンダー・ジャケット（under jacket） 21, *31, 46, 57, 224*
　　オズナブルグ製の *208, 212, 218*
　　男物の *239*
　　キャンバス地の 14
　　縞柄の *43, 190, 210, 215*
　　白いベーズ地の *28*
　　シングルの打ち合わせの *8, 32, 46, 59, 135*
　　水牛革製の *131*
　　裾長の *51, 56, 140, 159*
　　袖なしの *63*
　　ダーク・ブルーの *28*
　　ダブルの打ち合わせの *6, 32, 141*
　　ティッキング製の *30, 210*
　　布製の *10, 154*
　　バインディングで縁取りされた 13
　　帆布製の *71*

271

ピー・ジャケット（pea jacket）
  18, 19
フード付きの *39*
縁取りされた 13, *19, 28*
ふっくらした *222*
ベルト付きの 95, *137, 140*
短い 23, *19, 24, 31, 76, 79, 81, 89, 106, 120, 222, 233*
ホームスパンの *61*
ゆったりした 51
リンジー・ウールジーの *218*
シャツ（shirt） xiv, 14, 97, 184, *11, 77, 81, 87, 109, 128, 201, 223, 224*
  亜麻布の 21, 52, 130, 181, *30, 60, 62, 71, 73, 120, 122, 197, 204*
  アンダー・シャツ（under shirt） 121
  オーバー・シャツ（over shirt） *37*
  オズナブルグ製の *208, 212, 218*
  カロライナ・シャツ（Carolina shirt） *161*
  キャンバス地の 13
  格子の 23, *19, 29, 30, 34, 75, 164, 216*
  縞柄の *36, 76*
  狩猟用シャツ［hunting shirt］ xi, 117, 119, 130, 149, *116, 161, 164, 168*
  袖の短い 54
  襞飾りのついた xvi, 20, 69, 181, *15, 33, 34, 72, 79, 161, 180, 197*
  フランネルの *198*
  兵士の 154, 155
  ボディ・シャツ（body shirt） xvi, 9, 12, 117, *8, 37, 43, 56, 57, 74, 85, 132*
  ライフル銃兵の 149, 150, *113, 150, 158, 161, 171*
ジャックブーツ（jackboots） 128
シャルーン織り［shalloon］ 191, 194
収穫する人（reaper）60

囚人（convicts） 158, 209, *223*
自由の息子たち（Sons of Liberty） 138
従僕（footman） 130, 189, 191, 194, 195, 196, *198, 201*
主婦（housewife） *61, 90, 111, 236*
シュミーズ［chemise］120
狩猟用シャツ［hunting shirt］ xi, 117, 119, 130, 149, *116, 161, 164, 168*
シュルトゥー［surtout］ 17, 18, 22, 54, 195, *56, 57, 60, 61, 62, 98, 99, 140*
荘園的特権をもった土地所有者（patroon landowner） xiii
商船（merchant marine, merchant vessel） 3, 4, 5, 6, 8, 9, 10, 11, 16, 17
　——の乗組員 3, 4, 8, 9, 11, 16, 17, *10*
商店主（shopkeeper） xiii, xviii, 189, *96*
商人（tradesmen） **93〜112**, 157, 189, *93, 233*
  運搬人（porter） 134, *110*
  煙突掃除夫（chimney sweep） 95, *99*
  かごかき（chairman） *98*
  家畜去勢人（gelder） *104*
  行商人（peddler） x, 93, *104, 105*
  商店主（shopkeeper） xiii, *96*, 189
  肉屋（butcher） xvi, *97*, 182
  水運び人（water carrier） *103*
  宿屋の主人（innkeeper） 93, 94, *94, 95*
  路上商人 95〜97
使用人（house servant） 189, 211
少年馬丁（stable boy） 195, *204*
消防士（fireman） *134, 135*
ショート・ガウン（short gown） *193*
  キャラコの *199*
ショール（shawl） 44, 90, 103, 105, 117
  格子柄の *190, 236*
  ニットの 120

水玉模様の *237*
職人（craftsmen） xiii, xx, **67～91**, 210, 211
　鋳掛け屋（tinker）*70, 220*
　石工（stonemason）*74*
　椅子修理人（chair mender）*100*
　板ガラス工（sheet glass worker）*78*
　印刷屋（printer）*68*
　家具職人（cabinet maker）*72*
　鍛冶屋（smith, blacksmith）211, *75*
　ガラス吹き職人（glass blower）*78*
　皮なめし工（tanner）*78*
　銀細工師（coppersmith）*69*
　靴屋 *70*, 211
　靴下製造工（stocking maker）*88*
　車大工（wheelwright）*73*
　仕立屋（tailor） 211, *86*
　製粉工（miller）*84*
　染色工（dyer）*85*
　梳毛工（carder of wool）*87*
　大工（carpenter） *67*, 211, *71, 72*
　樽屋（cooper）*70, 73*
　炭坑夫（coal miner）*83*
　紡ぎ女（spinner）*90*
　蹄鉄工（farrier）*74*
　鉄鋳物工（foundry worker）*83*
　陶工（potter）*84*
　銅細工師（coppersmith）*76*
　時計屋（clockmaker）*77*
　箔押し師（metal gilder）*77*
　ピューター職人（pewterer）*76*
　船大工 211, *22, 35, 36*
　ブリキ職人（tinsmith）*74*
　帽子屋（hatter, milliner）*87, 90*
　ボタン製造工（buttom maker）*86*
　理髪屋（barber）*88*
　ロープ製造人（rope maker）*89*

職人制度（crafts system）*68*
植民地軍（Continental Army）130, 151, 152, 153, 155, 158, 159, 160, 193, *156, 164, 165, 170*
植民地軍の海兵隊員（Continental Marine）*156, 164*
女中（chambermaid）194, 196, 197, 198, 199, *192, 194*
処罰（punishment）7, 160, 212, 221
私掠船の乗組員（privateersman）12, 22, 219, 224, *23*
シルク・ストッキング部隊（silk stocking companies）153, *151*
シルバーズ（silvers）9
スカーフ（kerchief, neckerchief）12, 39, 54, 118, 120, *10, 14, 15, 30, 31, 34, 35, 36, 43, 44, 53, 61, 64, 67, 82, 99, 105, 108, 117, 144, 190, 193, 203, 215, 217*
　厚手ウールの 121
　格子柄の *11, 33, 102*
　縞柄の *19, 59, 86*
　幅の広い *40, 40*
　水玉模様の *32, 100*
　モスリンの 198
スキルト［skilts］52
ずきん（coif）40
スコットランド人（Scots） 68, 199, 208, 227, **228**
　スコットランド高地人（Highland Scots） x, 209, 228, 234
　スコットランド低地人（Lawland Scots）228, 234
　スコットランド人のバグパイプ奏者（Scottish piper, Scots piper）234, *240*
スコットランド・ボンネット（Scotch bonnet）16, *29, 98, 237*
スティンカーク・ファッション［steinkirk fashion］*11*
ストック・タイ［stock］69, *98*
ズボン（drawers）196

273

ズボン [trousers] xi, xv, xvii, 7, 9, 10,
11, 18, 20, 21, 23, 38, 39, 52, 55, 119,
149, 155, 159, 196, 222, *7, 8, 11, 13,
14, 16, 18, 27, 28, 30, 31, 33, 34, 36,
42, 43, 46, 47, 61, 71, 101, 110, 150,
158, 159, 163, 168, 172, 174, 176, 202,
204, 214, 218, 222*
　　鹿革製の (deerskin trousers)
　　　119
　　縞柄の (striped trousers) 22, *22,
　　　29, 32, 109, 152*
　　横棒縞の (crossbar trousers)
　　　216
スモック [smock] xiv, 52, 69, 117, *37,
78, 80, 81, 82, 128*
　　亜麻布製の 129, *62, 63, 64,123,
　　　132, 142*
　　御者の (waggoner's smock) 129
スラッシュの入った袖 (slashed
　sleeves) *188*
スリッパ (slippers) *42, 74, 75, 85, 87,
99, 102*
スロップス [slops] 9, 11, 14, *36*
　　格子柄や縞柄の *10*
　　帆布製の *10*
スロップ・チェスト (slop chest) 8
正規軍 (Soldier) 147, 175, *164*
政治犯 (political prisoners) 209
聖職者 (clergyman) xii, 179, **184**,
182, 186, 187
制服 (uniform) 8
　　海軍将校の *32, 33*
　　御者と護衛の *142*
　　金ボタンの 195
　　軍隊の 191, *152, 162*
　　左馬御者の 130, *130*
　　従僕の 196
　　スポーツマン部隊の *151*
　　大隊の *149*
　　中隊の *167*
　　縁取りをした 139
　　船乗りの *7*

召使いの 167
夜警の 136
郵便配達人の 139
陸軍の 164
連隊の *164, 171, 172, 173, 174,
　　175*
製粉工 (miller) *84*
染色工 (dyer) *85*
船頭 (water man) 3, *47*
粗毛 [shagg] 191, 192
梳毛工 (carder of wool) *87*

タ行

タータン [tartan] 234, *44*
ターバン [turban] 143, *175, 176, 197,
201*
大工 (carpenter) 67, 211, *73*
　　イタリアの *72*
　　植民地の *71*
　　船大工 (ship's carpenter) 211,
　　　22, 35, 36
　　フランスの *71*
大隊 (battalions) *151, 159*
　　デラウェア州の大隊 169
　　ペンシルベニア州の第4大隊
　　　165
　　ペンシルベニア州の第5大隊
　　　166
たが (hoop) xvii, 41, 197
立衿 (standing collar) 12, *162*
樽屋 (cooper) 70, *73*
垂れ衿 (band) *182, 186, 187*
タールを塗った衣服 (tarred clothing)
　19
炭坑夫 (coal miner) *83*
治安官 (constable) 136
知的職業人 (professional) **179～
185**
中隊 (companies)
　　メリーランド州の砲兵隊の第1歩
　　　兵中隊 *167*

メリーランド州軍の第1独立中隊の兵士 *158*
メリーランド州軍の第3独立中隊の軍曹 *161*
紡ぎ女（spinner）*90*
ティッキング（ticking）213, *30, 61, 101, 102, 141, 208, 210*
蹄鉄工（farrier）*74*
ディミティー［dimity］*208*
鉄鋳物工（foundry worker）*83*
手袋（gloves）9, 16, 17, 38, 39, 129, *14, 143, 225*
手回しオルガン弾き（organ grinder）*110*
デラウェアの兵士（Delaware soldier）170, *169*
点灯夫（lamplighter）137, *141, 142*
ドイツ人 x, 51, 68, 121, 127, 207, 227, 228, **232**, *50, 60, 154, 174, 223*
ドイツ博物館（Deutshes Museum）*90*
陶工（potter）*84*
銅細工師（coppersmith）273
道路清掃人（scavenger raker）133
独立中隊（independent companies）153
　　　メリーランド州独立中隊 *158, 161*
時計屋（clockmaker）*77*
屠殺場の労働者（slaughterhouse worker）*85*
都市の衣服（urban dress）**69**
都市労働者（urban worker）50, 51, 67, 69, 70, 229
徒弟制度（apprenticeship）68
奴隷（slave）xiii, xviii, 67, 127, 135, 136, 157, 184, 189, 191, **207〜217**, *31, 34, 197, 198, 202, 208, 210, 211, 212, 214, 215, 216, 217*
奴隷商人（slaver）31
泥棒（thief）xii, 221
　　　馬泥棒（horse thief）135, *223,*
224
武装した 222, *222*

ナ行

ナイフ研ぎ（knife sharpener）*102*
南京綿（nankeen）*130*
ニー・バックル（knee buckle）23
ニー・ブリーチズ（knee breeches）xiv, xv
肉屋（butcher）xvi, **97**, 182
ニグロ・クロス（negro cloth）xviii, 52, 213, *212, 214*
ニグロ・コットン（negro cotton）xviii, 213
荷馬車御者（waggoner）127, 129, *128, 129*
ニュー・ヨークのスポーツマン部隊（Sportsmen's Company of New York）151
庭師 *204*
ネイティブ・クロス（native cloth）52
ネッカチーフ（kerchief）9, 13, 54, 222, *6, 14, 18, 19, 24, 26, 30, 73, 123*
ネック・クロス［neck cloth］13, *14, 111, 188, 201, 203, 223*
年季契約奉公人（indentured servant）xiii, 4, 67, 189, 199, **207〜218**, *59*
農業労働者（farm laborer）49, 53, *59*
農村の衣服（rural dress）50
農村の女（farm woman）50, 51, 54, 59, 60, 65, 120, *53*
農村労働者（rural worker）**49〜58**
農民（farmer）ix, xii, xix, 4, 49, 53, 55, 67, 115, 121, 129, 181, 189, 232, *57, 63, 64, 65*
　　　イギリスの 50, 51
　　　カナダの *124*
　　　植民地の *61*
　　　ドイツの *60*
農民服 *64*
飲み物売り（drink vendor）109

ハ行

バージニア・ガゼット紙（*Virginia Gazette*）21
バージニア・クロス（Virginia cloth）
　縞模様のバージニア・クロス（striped Virginia cloth）149
バージニア州海軍（Virginia State Navy）9, 10, 18, 21, 22, *21*, *28*, *29*
バージニア州軍（Virginia State Forces）*173*
バーベル［barvell］39
売春（prostitution）xii, 136, 220, 221, 224, 225
売春婦（prostitutes）220, 221, *224*, *225*
バインディング（binding）12
墓掘り女（sexton）*144*
箔押し師（metal gilder）*77*
拍車（spur）182, *56*, *131*, *142*, *203*
バグパイプ奏者（piper）234, *240*
バターミルク売り（buttermilk seller）*109*
馬丁（groom）126, 193, 195, *203*, *204*
バックル（buckle）xvi, *56*, *105*, *145*
　銀の　181, *180*
　靴の　9, 17, 20, 23, 41, 69, 181, 233, *8*, *11*, *16*, *27*, *30*, *36*, *43*, *53*, *59*, *60*, *72*, *75*, *76*, *86*, *98*, *100*, *112*, *132*, *135*, *142*, *195*, *198*, *201*
　真鍮の　*27*
　ストック・バックル　*98*
　ブリーチズの　*52*, *53*, *76*, *198*
　めっきの　*223*
パトン［pattens］41, 54, *42*
花形帽章［cockade］15, *19*, *27*, *33*, *80*, *96*, *104*, *128*, *142*, *152*, *168*, *169*, *172*, *174*, *203*
はねよけゲートル［spatterdashes］*62*, *152*, *157*, *162*, *174*
バラッドの歌手（ballad singer）96

バラッドの歌詞売り（ballad seller）96, *112*
バリーコック（bullycock）54
ハンカチーフ（handkerchief）13, 23, 54
犯罪人（criminals）4, 209, 219 〜 225
パンタロン（pantaloons）23, 151
帆布色（cloth-colored）12, *28*, *29*
パンプス［pumps］*86*
バンヤン［banyan］182, 183, 184
ピー・コート（pea coat）18
ピー・ジャケット（pea jacket）18, 19
ビーバー帽（beaver hat）xvi, 231
襞飾り［ruffle］xiv, xvi, xvii, 20, 69, 181, *15*, *33*, *34*, *72*, *79*, *161*, *180*, *197*
羊飼い（shepherd）*62*, *63*
ピューター職人（pewterer）*76*
比翼仕立て風の開き（fly front）10, *7*, *53*
ファスチアン［fustian］120
フィアノート［fearnaught］18
フィラデルフィアの消防隊連合（Union Fire Company of Philadelphia）133
ブーツ［boots］121, 128, 129, *56*, *126*, *128*, *129*, *143*, *203*, *212*, *223*
　インディアンの　149
　オールド・グリーンランド・ブーツ（Old Greenland boots）17
　革製の　*46*, *134*
　カントリー・ブーツ［country boots］122, *110*, *128*
　騎手用の　*142*
　左馬御者の　*131*
　シーブーツ（sea boots）17, 38, *39*, *42*, *43*, *45*
　ジャックブーツ（jackboots）128
　紐締めした　*202*
　羊皮の　129
ブーン探検隊（Boone Expedition）118
フェルト［felt］15, 38, 52, 118, *30*, *33*, *42*, *43*, *56*, *98*, *109*, *117*, *128*, *150*

事項索引

フェルト帽（felt hat）54, 120, 208, 233, 236 *32, 59, 61, 65, 83, 99, 112, 119, 123, 130, 164, 165, 171, 172*
フォート・カンバーランド（Fort Cumberland）147
フォーマル・スーツ（formal suit）xv, xvi
縁付きの帽子［hat］118, 121, 156, 198, *19, 22, 30, 46*
 ウェールズ人の *236*
 金属糸で縁取りされた *18*
 クエーカー教徒の 231, *230*
 毛皮の *31*
 小さな円い 23, *8, 27, 30, 32, 42, 43, 61, 70, 73, 101, 132, 143, 152, 165, 168, 171, 216*
 鍔の巻きあげられた 15, 185, 191, 194, *8, 11, 18, 25, 32, 33, 53, 71, 172*
 ニットの 14, *24, 26, 71*
 花をあしらった *90*
 バリーコック（bullycock）54
 ビーバーの毛皮製の *42, 130, 162, 164*
 フェルト帽（felt hat）54, 120, *32, 59, 61, 65, 83, 99, 112, 119, 123, 130, 164, 165, 171, 172*
 防水帽（sou'wester）39
 円い 15, 16, 54, 118, 195, 230, 231, 233, *10, 19, 24, 32, 46, 59, 60, 64, 65, 80, 83, 86, 89, 102, 104, 105, 109, 117, 119, 120, 123, 128, 129, 131, 137, 140, 142, 144, 163, 164, 165, 166, 170, 174, 186, 198, 202, 204, 228*
 麦わら帽（straw hat）*108, 109, 161*
縁取り［facing］12, 16, 130, 139, 148, 152, 153, 190, *15, 18, 19, 27, 28, 32, 33, 43, 141, 142, 148, 151, 161, 174, 176, 177, 180, 182, 186, 188, 202*
縁なし帽［cap］xi, 38, 40, 54, 95, 117, 121, 129, 136, 156, 195, 196, 198, 230, 231, *14, 22, 26, 36*
 亜麻布製の *57, 75, 77, 78, 193, 194, 195, 204, 236*
 アライグマの毛皮製の 118, *116*
 オランダ帽（Dutch cap）16
 革製の 9, 15, 16, *174*
 クマ皮の 136, *174*
 毛皮の xi, 15, 118, 129, *4, 31, 33, 46, 116,*
 サクソン帽（Saxon cap）53
 ニットの 14, *8, 94*
 布製の 15, *14, 42, 46, 157*
 ビーバーの毛皮製の *42*
 フェルト帽（felt cap）*23, 65*
 フリジア帽（Phrygian cap）53, *45*
 モブ・キャップ（mob cap）*53, 60, 105*
 モンマス帽［Monmouth cap］xvi, 14, *16, 43, 46*
船乗り xii, xiii, xvi, xviii, xix, **3 ~ 37**
船乗りの衣服（seaman's dress）xiii, xiv, **7 ~ 37**
 アメリカの船乗りの衣服 *21*
ブラウス（blouse）40, 54, *40, 62, 100, 194*
ブランケット・コート（blanket coat）x, xi, 118, *176*
フランス人 38, 68, 93, 94, 120, 135, 148, **234**, *40, 42, 83, 86, 203, 204*
ブリーチズ［breeches］xi, xiv, xv, 9, 95, 130, 148, 149, 185, 190, 191, 193, 195, 233, *15, 32, 33, 45, 56, 57, 58, 59, 60, 64, 70, 71, 72, 74, 76, 77, 78, 80, 81, 83, 84, 87, 88, 94, 95, 98, 109, 110, 123, 130, 134, 135, 137, 142, 148, 152, 157, 162 173, 174, 180, 188, 201, 203, 212, 217, 233*
 革製の xviii, *62, 63, 73, 75, 103, 119, 120, 122, 131, 132, 148, 164, 166, 169, 195, 204*

黄色の 202
　　サージの 216
　　鹿皮製の xi, 52, 198, *130, 148, 163, 172, 223*
　　縞模様の 208
　　水牛革製の *124*
　　だぶだぶの 51, *46*
　　ティッキング製の 210
　　ドイツ製の 216
　　なめし革の 52, 121, 130
　　ぴったりした xv, 51, 52
　　紐で結んだ *105*
　　比翼仕立て風の開きの付いた 10, *7, 53*
　　ホームスパンの 52, *182, 224*
　　ホームメイドの 215
　　木綿の 211
　　ロシアのカーキ色の 224
ブリキ職人（tinsmith）*74*
フリジア帽（Phrygian cap）53, *45*
フレンチ・インディアン戦争（French and Indian War）5, 153, 219
ブローグ（brogues, broag）*39*
ブロードクロス［broadcloth］210, 216
フロック（frock）xvii, 20, 148, 150, 151, *128, 129, 154, 170, 174*
　　キャラコの 198
　　キャンバス地の 13, *20*
　　フロック・コート（frock coat）51, *88, 119*
　　リンネルの 198
フロンティア開拓者（frontiersman）**115〜124**
　　カナダの *120*
フロンティアの衣服 116〜124
糞尿運搬人（soil carter）134
ベーズ［baize］11, 70, *28, 43, 96*
ベーズ・トラウザーズ（bays trousers, baize trousers）11
ヘーリング・ハンズ［haling hands］38
ベスト（vest）11, 12, 23, *29, 33, 72,*

101, 109, 110, 163, 173, 202
　　ウール製の 30
　　縞柄の 27, 30, 111
　　裾布の付いた 80
　　裾の真っ直ぐ裁断された 24
　　丈の短い 80
　　ダブルの打ち合わせの 141
ヘッド・バンド（head band）106, 239
ペティコート［petticoat］41, 54, 55, 197, 198, 199, 232, *44, 215, 236*
ペティコート・トラウザーズ［petticoat trousers］9, 38, 148, 196, *4, 8, 10, 24, 30, 32, 39*
ベルベット製の 223
ヘルメット（helmet）*135, 175*
　　騎馬郵便配達人の *143*
　　消防士の *134*
ペンシルベニア・ガゼット紙（*Pennsylvania Gazette*）7, 198, *216*
ペンシルベニア・パケット紙（*Pennsylvania Packet*）130, 159, *215, 218*
法学校（law schools）179, 180
　　植民地の 179, 180
ほうき売り（broom seller）*101*
帽子
　　→縁付きの帽子［hat］
　　→縁なし帽［cap］
帽子屋（hatter, milliner）*87, 90*
防水帽（sou'wester）16, *39*
法律家（lawyer）**182〜184**
　　――の衣裳 182, *182, 183, 186*
ホームスパン（homespun）xiv, 52, 61, 117, 121, 129, 154, 155, *25, 62, 165, 208, 215*
捕鯨人（harpooner, whaler）39, *44, 45, 46*
ポケット［pocket］*11, 12, 56, 60, 86, 88, 188, 198, 210*
ボストン消防協会（Boston Fire Society）133
ボストンの虐殺（Boston massacre）5

事項索引

ボタン製造工（buttum maker）*86*
ボディ・シャツ（body shirt）xvi, 9, 12, 117, *8, 37, 43, 56, 57, 74, 85, 132*
ボディス [bodice] 40, 54, *40, 50, 59, 61, 62, 64, 190*
　　水玉模様の *61, 62*
ボブ・ウィグ [bob wig] 130
ボンネット [bonnet] 16, 231, 234, *29, 98, 237, 240*
　　クエーカー教徒の 231
　　高地の 240
　　スコットランド・ボンネット（Scotch bonnet）16, *29, 98, 237*

マ行

マウント・バーノン（Mount Vernon）*198, 200*
前垂れ蓋（fall front）10, *13, 36, 53*
マフ（muff）181
水運搬馬車の御者（water cart driver）*132*
水運び人（water carrier）*103*
ミトン（mittens）16, 17, 38, *39*
ミルク売り（milk seller）*108, 109*
民兵（militia）127, 128, 147, 157, *159, 162, 165, 169*
無償渡航移住者（redemptioner）xiii, 208
召使い（servant）xii, 18, *201*
　　——の衣服 189～204
メリーランド州のカルバート家（Calvert Family of Maryland）*202*
メロン売り（melon vendor）*107*
モール（lace）xiv, xvi, 148, 190, 191, 192, 194, 195, *148, 174, 197, 201, 202, 203, 231*
モカシン（moccasins）xi, 53, 119, 120, 149, *25, 61, 73, 102, 116, 117, 123, 163, 172*
モブ・キャップ（mob cap）41, 197, 198, *53, 60, 64, 105*
モンマス帽 [Monmouth cap] xvi, xvii, 14, *16, 43, 46*

ヤ行

夜警（watchman）135, 136, *140, 141*
宿屋の主人（innkeeper）93, 94, *94, 95*
誘拐（kidnapping）4, 209
誘拐周旋業者（crimp）4, 209
輸送労働者（transportation worker）**125～132**

ラ行

ライフル銃兵（rifleman）20, 149, 151, *128, 150, 154, 157, 158, 161, 165, 171, 173, 174*
ライフル銃兵のシャツ [rifle shirt] *128, 149, 150, 158, 161, 171*
ラップ・ラスカル（wrap-rascal）*128, 195*
ランタン売り（lantern seller）*99*
理髪屋（barber）*88*
リバプール公共図書館（Liverpool Public Libraries）*31*
漁師（fisherman）3, 16, 17, **38～47**, *4*
リンジー・ウールジー（Linsey-woolsey）117, 119, 120, 197, *218*
歴史技術博物館（Museum of History and Technology）*25, 163, 164*
レギンス [leggings] 39, 117, 122, *42, 45, 57, 80, 102, 110, 116, 152, 176*
　　厚手の *82*
　　亜麻布製の *171*
　　インディアンの xi, 149
　　革製の *85*
　　靴下留めで留めた *99, 107*
　　縞柄の *124*
　　丈の短い *64, 84*
　　房の付いた 118
　　兵士の *171*

279

連隊（regiments） 147, 148, 152, 153, 160, 191, *148, 150, 152, 170*
  イリノイ連隊（Illinois regiments） *173*
  （マサチューセッツ州）ウースター郡第5連隊 *165*
  軽騎兵連隊 *175*
  コネティカット州の第1連隊 *171*
  コネティカット州の第10連隊 *163*
  サウス・カロライナ州の騎馬連隊 *148*
  植民地正規軍第1連隊 *164*
  植民地第2砲兵隊連隊 *174*
  第10植民地連隊 *163*
  ニュー・ハンプシャー州の第1連隊 *172*
  バージニア州軍のイリノイ連隊 *173*
  バージニア州の第2連隊 *152*
  バージニア州の第7連隊 149, *171*
  バージニア州の連隊 149, *152, 171, 173*
  ペンシルベニア州の連隊 148
  ヘンリー・リビングストン大佐の 156
  砲兵技術連隊 152
  歩兵連隊 152
  ロード・アイランド州の連隊（Rhode Island regiments） *149, 177*

ロープ製造人（rope maker） *89*
ロクロール（Roccleo, Rocklo）, [Roquelaure, Rocket, Roquelo] *143*
ロシア・ドリル 194
路上商人 95〜97
  イチゴ売り（strawberry vendor） *107*
  市場の行商人（market vendor） *105*
  牡蠣売り（oyster vendor） 96, *105*
  手回しオルガン弾き（organ grinder） 110
  ナイフ研ぎ（knife sharpener） *102*
  飲み物売り（drink vendor） *109*
  バターミルク売り（buttermilk seller） *109*
  バラッドの歌詞売り（ballad seller） 96, *112*
  バラッドの歌手（ballad singer） 96
  ほうき売り（broom seller） *101*
  ミルク売り（milk seller） *108, 109*
  メロン売り（melon vendor） *107*
  ランタン売り（lantern seller） *99*
ロング・コート（long coat） xv, 51, *34*

ワ行

ワームス（wamus） 117

人名索引

*イタリック体で示したページは図版解説のページを示す。

【A】
Agreet, Isabelle 34
Anson, Admiral (George, Lord Anson) 8
Ashton, John *112*
Atkins, J. *129*
Attucks, Crispus 5
【B】
Bonanni, Filippo 110
【C】
Chappel, Walter *132, 142*
Chardin, J. B. S. *194, 195*
Chastellux, Marquis de 154
Chodowieckis, Daniel *60, 84, 111, 223*
Closen, Baron Ludwig von *154, 177*
Collet, John 27
Copley, John Singleton 18
Cunnington, Phillis xx
【D】
Dawe, Philip *26*
Defoe, Daniel 196
DeFrance, Leonard *83*
DeWinter, Willem 13
Diderot, Denis *68, 71, 72, 74, 75, 77, 78, 83, 86, 211*
Dighton, Robert *224*
【F】
Franklin, Benjamin 5, 138
【G】
Gainsborough, Thomas 57
George, M. Dorothy *137*
Gerard, A. 155
Germann, Friedrich von *124, 176*
Gibbs, Caleb 193
Goetz, I. F. de *193*
Gorsline, Douglas *33*

Grave, R. *188*
Greene, Nathanial 157
Greuze, Jean Baptiste 58
Gummere, Amelia Mott *228, 230*
【H】
Haarman, Albert W. v, 48, *124, 176, 200*
Hamilton, Dr. Alexander xix, 188, 240
Henry, Patrick 149
Hessallius, John *202*
Hilair, Jean Baptiste *204*
Hogarth, William ix, *14, 18, 108, 186, 233*
Holst, Donald W. v, *124, 166, 167, 168, 169, 171, 172, 174, 175, 176*
Hunter, William 138
【I】
Ibbetson, J. C. 236
【J】
Jackson, Melvin H. v, *79, 80, 81, 82*
Jarrett, Dudley *13,* 48
【K】
Kay, John *44, 98, 106, 145, 186, 237, 238, 239, 240*
Kelley, Samuel 11, 13, 17, 20, 48
【L】
Lafayette, Marquis de *202*
Lasher, John 151
Laurence, Thomas 134
Livingston, Henry 156
Livingston, William 133
【M】
McArdell, James *192*
McMaster, FitzHugh v, *148, 162*
Moll, Herman *39*
Montgomerie, J. 194

Mostyn, Savage *6*
Mouzon, Henry *214*
[N]
Newcastle, Duke of *203*
Nichols, J. *220*
[O]
O'Callaghan, E. C. *151*
[P]
Paston, George *104*
Philips, Richard *100*
Pyne, William Henry ix, *46, 63, 64, 65, 66, 84, 85*
[R]
Reed, Abner *187*
Rowlandson, Thomas *36, 131, 134*
[S]
Sandby, Paul and Thomas *59, 201*
Savage, Edward *200*
Sayer, Robert *90, 225*

Shaw, Joshua *119, 120, 122, 123*
Shippen, Captain William 164
Smollett, Tobias 130, 132
St. Mery, Moreau de 136, 146
St. Sauveur, Grassett *231*
Stubbs, George *60, 203, 204*
[T]
Trumbull, John 19, 150, *32*
[V]
Vernet, Joseph *40, 42, 45*
[W]
Waldo, Albigence 159
Washington, George 19, 149, 155, 159, 178, 190, 191, 192
Washington, Mary 192
[Z]
Zlatich, Marko v, 48, *28, 29, 150, 173*

【著者】
P・F・コープランド（Peter F. Copeland, 1927〜2007）
元アメリカ合衆国ワシントンD.C.のスミソニアン協会の歴史関係の主任イラストレーター。同協会退職後、アメリカ史に関するフリーのイラストレーター、ライター、コンサルタントとして活躍。論文や専門書の他、子ども向けの絵本41冊を精力的に出版。専門研究分野は、アメリカ独立革命やカリブ海の海底研究や18〜20世紀の軍服や市民服に関するもの。

代表的著作として、*Story of the American Revolution Coloring Book* (Dover History Coloring Book, Paperback,1988); *Naval Battles of the Civil War Coloring Book* (Dover Publications, 1996); *Western Pioneers Coloring Book* (Dover Publications, 1997); *Life in Colonial America* (Dover History Coloring Book, Paperback, 2002); *George Washington Coloring Book* (Dover History Coloring Book, Paperback, 2003.); *Heroes and Heroines of the American Revolution* (Dover History Coloring Book, Paperback, 2004) などがある。

【翻訳者】
濱田雅子（はまだ・まさこ）
神戸大学文学部史学科（西洋史学専攻）卒業。武庫川女子大学大学院家政学研究科修士課程（被服学専攻）修了。元武庫川女子大学教授。博士（家政学）。西洋服飾文化史専攻。アメリカ服飾社会史研究者。アメリカ服飾社会史研究会会長。大学退職後は京都と神戸で服飾講座を開催、今日に至る。

著書に、『アメリカ植民地時代の服飾』（せせらぎ出版、1996年）、『黒人奴隷の着装の研究』（東京堂出版、2002年）、『アメリカ服飾社会史』（東京堂出版、2009年）、丹野郁編『西洋服飾史 増訂版』（共著、東京堂出版、1999年）、丹野郁監修『世界の民族衣装の事典』（共著、東京堂出版、2006年）

翻訳書に、J・ギロウ＆B・センテンス著『世界織物文化図鑑』（共訳、東洋書林、2001年）、アルベール・ラシネ原著『世界服飾文化史図鑑』（共訳、原書房、1992）

他に論文、研究報告、講演など多数。

本書は1998年に『アメリカ史にみる職業着』として、
せせらぎ出版より刊行されました。

✠✠✠✠✠✠✠✠✠✠✠✠✠✠✠✠✠✠✠✠✠✠

図説
初期アメリカの職業と仕事着
——植民地時代〜独立革命期——

2016年2月12日　初版発行

著　者　　ピーター・コープランド
訳　者　　濱田雅子（はまだまさこ）
発行者　　長岡正博
発行所　　悠　書　館

〒113-0033　東京都文京区本郷2-35-21-302
TEL 03-3812-6504　FAX 03-3812-7504
http://www.yushokan.co.jp/

印刷：(株)理想社／製本：(株)新広社

✠✠✠✠✠✠✠✠✠✠✠✠✠✠✠✠✠✠✠✠✠✠

Japanene Text © Masako HAMADA
2016 printed in Japan
ISBN 978-4-86582-009-6
定価はカバーに表示してあります